Kianimus

Gute Gedanken

Eine Reise zum Nachdenken

W0055967

⊙ kianimus

Dies ist die erste Auflage des Buchs.

1. Auflage: Dezember 2021

Copyright © 2021 by Kianimus

Lektorat: Ferhat Macar

Umschlaggestaltung: Sara Andreatta

ISBN: 978-3-00-071153-4

www.kianimus.de

Für Mama.

Für uns.

INHALT

GUTE GEDANKEN

Vorwort

Fantasie ist eine Gabe von Gott sich schöne Dinge vorstellen zu können. Und diese Dinge dann zu verwirklichen, ist Mut!

-    *Kianimus (30.06.2012)*

Hey du, ich möchte mich bei dir bedanken, dass du mir die Möglichkeit gibst, meine *guten Gedanken* mit dir zu teilen. Und danke, dass es dich gibt.

Das Buch, was dich in der nächsten Zeit beschäftigen wird, ist ein emotionales Werk von mir. Mein erstes Buch, das dich in eine neun Jahre lange Zeitreise meines Lebens mitnimmt.

Du bekommst mehr als 100 ehrliche Texte und Zitate über Liebe, Vertrauen, Freundschaft, Familie, Loyalität uvm. – somit bekommst du eine Einführung in meine Denkweise, sodass sich deine Sichtweise ändert. Zusätzlich erhältst du 100 Erklärungen, Weisheiten, Geschichten und biografische Ereignisse von mir, damit du verstehen und nachvollziehen kannst, wie jeder einzelne Text gemeint ist, wie ich dabei gefühlt habe und was mich bewegt hat. Außerdem bekommst du mehrere QR-Codes über das gesamte Buch verteilt, die du mit deinem Smartphone abscannen kannst - und mehr erfährst.

Es ist deine eigene Reise mit Kianimus.

Nur wir zwei..

Vor allem ist dieses Buch 100 % authentisch und beschreibt zu 100 % das echte Leben.

Wir werden zusammen lachen, weinen und den Schmerz gemeinsam teilen. Darüber hinaus werden wir Hoffnungen entwickeln, uns freuen und gewiss auch die eine oder andere Träne vergießen.

Während du das Buch liest, wirst du dich weiterentwickeln und wie bereits erwähnt, wird sich deine Sichtweise ändern.

Du wirst dich selbst reflektieren, du wirst mehr über dich selbst erfahren und du wirst dich immer mehr lieben. Und wie bereits am Anfang erwähnt, wirst du sagen können: *„Danke, dass es mich gibt"*.

Wenn du dann glücklich bist, bewerte mein Buch gerne mit 5 Sternen auf der Plattform, wo du es gekauft hast, um mich zu unterstützen. Beispielsweise auf Amazon.

Schließe für einen Augenblick deine Augen. Denk an dein eigenes Schicksal und öffne wieder die Augen. Lass uns deine Gedanken zum Blühen bringen.

Denke gut.. Lebe gut.. Gute Gedanken..

Bist du bereit? Dann lass uns beginnen..

HEUTE

Alles beginnt mit einem Gefühl. Bei mir war es kein schönes, aber es war da – und zwar allgegenwärtig. Dieses Gefühl und die guten Gedanken bewegten mich zum Schreiben. Immer intensiver. Immer leidenschaftlicher. Immer mehr.

Das war im Jahre 2012. Heute – mehr als neun Jahre später – liege ich an der Mittelmeerküste bei römisch-griechischen Ruinen. Die Meeresbrise ist angenehm warm und die Sonne wärmt meine Haut. Und genau hier schreibe ich an diesem Buch, denn es war immer mein Wunsch, mein erstes Werk am Meer zu verwirklichen.

Mein Name ist Kianimus und ich bin 26 Jahre alt. Baujahr: 1994. Geboren in Kassel, aufgewachsen in Dietzenbach in der Nähe von Frankfurt am Main. Sozialer Brennpunkt. „Ghetto" wie es oft genannt wird.

Man hat uns Blockjungs oder Ghettojungs genannt. Wie normale Kinder spielten wir zwischen Drogen, Kriminalität, Polizeisirenen und Verhaftungen.

Als Scheidungskind wuchs ich mit zwei älteren Brüdern bei meiner Mutter auf, die durch meinen Vater viel Gewalt in der Ehe erlebt hat.

Keine gute Ausgangsposition, um ein positiver, erwachsener Mensch zu werden. Ja, ich weiß. Aber warte: Rückblickend weiß ich, dass genau diese Umstände mich stark gemacht haben.

Ich denke, dass auch du an den harten Zeiten, die du erlebst, wachsen kannst und wirst! Genau das wird dieses Buch dir klarmachen..

2012

Das Jahr des Beginns & der ersten Schritte

In diesem Jahr hat alles angefangen. In diesem Jahr habe ich den Stift in die Hand genommen. In diesem Jahr habe ich meinen Seelenstriptease begonnen. In diesem Jahr fand ich mein Ventil, um mir all die Probleme von der Seele zu schreiben. Die Reise begann und ich machte meine ersten Schritte Richtung Glück..

Ich habe gelernt, dass es drei Arten von Liebe im Leben gibt: Es begann alles an einem Bahnhof, wo Seelen reisten. An der ersten Station stand ein Zug namens „Kinderliebe". Diesen Zug nahm ich und fuhr zur nächsten Station. Ein recht bequemer Zug, jedoch war mein Waggon leer. An der nächsten Station stand der Zug namens „große Liebe". Ich stieg ein und entdeckte eine einzige Person im gesamten Waggon. Wir kamen ins Gespräch und verstanden uns, doch die Fahrt war lang und sie stieg vor mir aus. Ich kam an meiner vorletzten Station an. Dort stand der prächtigste Zug mit der Aufschrift „wahre Liebe". Ich sah die edelste Person meines Lebens einsteigen und rannte zum Waggoneingang.

Doch ein Schaffner hielt mich fest und sagte, ich passe optisch nicht in diesen Zug. Durch das Fensterglas erblickte ich das Gesicht dieser Person. Augen mit dem Glanz von Diamanten sahen mich im Sonnenlicht an. Doch ich war nicht stark genug, um diesem Blick standzuhalten und schaute zu Boden. Der Zug fuhr los, doch ich wollte mir diese Person nicht entgehen lassen, stieß den Schaffner beiseite und rannte zum Waggoneingang des Zuges. Ihr Gesicht und ihre Hand erschienen am Fensterglas. Sie schaute verwundert. Ich rannte weiter hinter dem fahrenden Zug und erwischte den Haltegriff der Waggontür. Der Zug war so schnell, dass ich wie eine Fahne im Wind wehte. Und seitdem halte ich mich von außen an dem fahrenden Zug fest. Je länger wir fahren, desto stärker werde ich und sie merkt mit der Zeit, wie lange ich um sie kämpfe. An der letzten Station wird sie aussteigen, ich werde ihre Hand und sie nie wieder loslassen.

- *Kianimus (10.02.2012)*

Erinnerst du dich an deine erste Liebe? Erinnere dich an das Gefühl, an die Unbeschwertheit und die schönen Momente, die du beim ersten Verliebtsein erlebt hattest. Schließe kurz die Augen, atme tief durch und begib dich auf Gedankenreise zurück zu deiner ersten Liebe. Wie fühlt es sich an? Gut? Schlecht? Überragend? Unbeachtet dessen, was du gerade fühlst - lasse es auf dich wirken.

Dieser Text hat mich viel gelehrt und mir die Stationen der Liebe gezeigt, die wirklich wichtig sind. Denn die Kinderliebe, Jugendliebe und die wahre Liebe unterscheiden sich in ihrer Endgültigkeit. Die beiden ersteren sind nicht das, was man sich vom Leben und der Liebe erhofft. Aber die wahre Liebe - sie ist endgültig. Sie ist zeitlos, endlos und wahrhaftig. Stelle sie dir vor. Vielleicht hast du sie schon. Wie schön und wie erfreulich, wenn du weißt, dass du an der besten und letzten Station der Liebe angekommen bist.

Liebe kann blind machen. Schließe ruhig ein Auge, um mit dem Herz zu sehen. Doch lasse das andere offen, um mit dem Verstand zu sehen.

- *Kianimus (07.07.2012)*

Wieso macht die Liebe blind? Diese Frage habe ich mir oft gestellt, bevor ich die Zeilen schrieb. Sofern man blind vor Liebe ist, werden die schlimmen Fehler des Partners entweder übersehen oder direkt verziehen. So werden die unverzeihlichen Fehler nicht wahrgenommen. Kennst du, oder? Ich war selbst blind vor Liebe, sodass ich den Fehler auch begangen habe. Dennoch habe ich daraus gelernt. Auch, wenn das eine Auge geschlossen ist, um mit dem Herzen zu sehen. So sollte das andere Auge doch offenbleiben, um nicht blind verliebt durch die Gegend zu irren.

„Kleine" Streitereien gehören einfach zu einer Beziehung dazu. Sie schenken der Beziehung Zusammenhalt und besseres Verständnis zwischen beiden. Lösen Missverständnisse und Probleme.

- Kıanımus (09.07.2012)

Streit. Das böse Wort, vor dem unsere Gesellschaft uns so oft warnt. Nur eine Beziehung ohne Streit ist perfekt - sagen sie. Meine Antwort dazu, lässt sich aus dem Zitat ableiten.

Mithilfe von Streitigkeiten werden Probleme gelöst, sodass vor allem Missverständnisse geklärt werden. Streit gibt der Beziehung einen kleinen Hauch an Schärfe. Sonst wird es zu fad. Keine bösartigen Streits, sondern kleine Streitereien, die sich auch mal um das letzte Stück Pizza beim Netflix & Chill drehen dürfen. Jeder gibt und nimmt – mal mehr, mal weniger kollegial. Hierbei sollte man die Toleranz, den Respekt und den Zusammenhalt nicht verlieren. Es ist wichtig, seine Grenzen nicht zu überschreiten. Dann wird alles gut gehen! Ich drück dir die Daumen!

Sie: Woher kommst du so spät?
Er: Schatz, ich war in der Disco.
Sie: In einer Beziehung und dann in die Disco?
Man geht ja auch nicht mit vollem Magen ins
Restaurant.

- *Kianimus (20.07.2012)*

Warum ich die Zeilen schreibe? Als ich diese Zeilen schrieb, hatte ich die Nase voll von Freunden, die ich jedes Wochenende von der Diskothek abholen musste. Außerdem gab es viele Streitereien von Pärchen, die im betrunkenen Zustand, den einen oder anderen Fehler begangen haben.. Was hältst du davon? Wie würdest du damit umgehen, wenn dein Partner in die Disco möchte? Wäre deine Antwort ein klares „Ja"?

Hier ist deine Meinung gefragt. Denke kurz darüber nach. Die einen sagen, es ist okay, wenn man Lust auf Tanzen hat. Die anderen halten es für absolut nicht legitim, während der Beziehung eine Disco zu besuchen. Egal in welche Richtung deine Gedanken wandern - dieser Dialog besagt mehr.

Einerseits kann bzw. sollte der Partner genügend Erfüllung bieten.

Andererseits besteht die Gefahr, dass man gemeinsam in der Disco abrocken kann - Ironie off. Denn, wie bereits angedeutet: Es ist möglich, gemeinsam Spaß zu haben. Mit vollem Magen kann man auch gemeinsam im Restaurant einen schönen Cocktail trinken gehen. Vielleicht einen Mojito. Für mich ohne Alkohol, bitte.

Eine Welt ohne Sonne - Ich ohne Dich.

- Kianimus (20.07.2012)

Wenn die Welt ohne die Sonne wäre. Das wäre ein trauriger Ort. Und so bin ich ohne dich. Kannst du das intensive Gefühl nachvollziehen? Es ist wunderschön und doch beängstigend zugleich. Denn, wenn die Person geht - sollte man erst dafür sorgen, selbst die Sonne für seine Welt zu werden. Und zu sein..

Komm, wir fliehen zusammen, dahin wo keiner uns findet. Wir fliehen zusammen, weil ich denke, dass keiner uns suchen wird. Wir laufen über den Strand, auf den die Sonne heiß wie die Leidenschaft scheint und unsere Vergangenheit zu Sand zerfallen lässt. Die Wellen verwischen unsere Fußspuren des alten Lebens. Für die Welt sind wir bald schon Vergangene. Bauen unsere eigene Welt bestehend nur aus uns. Bauen unser kleines, bescheidenes Haus mit einem Fundament aus Vertrauen. Die Wände aus Gefühlen, auch wenn sie beben, unter dem Druck der Eifersucht brechen sie nicht. Das Dach, wie ein Deckel, damit die Emotionen nur unter uns bleiben und wir sie nur mit uns teilen können. Wir säen Respekt. Ernten es dann. Ernähren uns mit Liebe, doch sättigen das Herz nicht in Übermaßen, sondern bleiben hungrig und durstig nach gegenseitiger Zuneigung. Nur uns gegenseitig an den Händen, so bleibt keine Hand frei, um falschen Menschen die Hände zu reichen..

- Kianimus (14.09.2012)

Eine Flucht aus Liebe. Nicht, weil du es nicht mit Menschen schaffst. Und auch nicht, weil du nicht „sozial" bist - sondern, weil du es möchtest. Diese Zweisamkeit in der Einsamkeit. Ein großes Schloss aus tiefen Emotionen für zwei verliebte Personen. Wie klingt das für dich? Aneinandergeschmiegt, warm und kuschlig. Vor dem brennenden Kamin im großen Wohnzimmer. Und hohen Decken mit einem heißen Kakao in der Hand, dessen schokoladiges Aroma in deiner Nase aufsteigt. Der die Finger anfangs zu sehr erwärmt. Und dann für die wohlige Wärme sorgt, die durch deinen Körper fließt: Durch die Hand zu den Armen, über die Arme zu den Schultern, den Hals entlang bis zur Brust und dann ins Herz dringt. Dieser Kakao beschreibt das Gefühl, das dir der Mensch gibt, den du liebst. Na, Sehnsucht nach Liebe bekommen. Oder eher Heißhunger?

Mehrere Male sah ich eine alte Frau am Bahnhof, die ihren Mann zur Arbeit verabschiedete. Ein normaler Arbeiter und doch schien sie ihn täglich bis zum Bahnhof zu begleiten. Keine Küsse. Bloß umarmte sie ihn, er ging in den Zug hinein und sie zog ein weißes Tuch mit Namensbedruckung aus ihrer Tasche. Merkwürdig, denn sie weinte nicht. Ihre Augen waren zwar nass, doch keine Träne lief an ihren Wangen herunter. Sie nahm das Taschentuch und hob dann diese Hand, um zu winken. Dieses Bild erinnerte mich an die Verabschiedungen von früher, wenn die Frauen ihre Männer für lange Zeit verabschiedeten. Das nenne ich mal eine Portion Romantik und Innigkeit!

- *Kianimus (15.11.2012)*

Nenne mich altmodisch, aber: Findest du das nicht genauso schön? Manchmal vermisse ich die Zeit ohne Smartphones, ohne Fernseher, ohne Internet, Instagram uvm. Hierbei ist der Fokus auf die Menschen und auf die Liebe gerichtet. Statt auf Selfies bei jeder Mahlzeit..

*Du verlangst eine Ewigkeit von dem Menschen,
den du liebst? Aber du tauschst dein iPhone 4
gegen das iPhone 5 aus. Die etwas verwaschene
Jeans, wird durch die neueste Markenjeans
ersetzt. Der Platz des Plasmafernsehers wird
für einen 3D-Fernseher geräumt. Das Brot von
gestern Mittag kommt in den Müll. Der
Gebrauchtwagen mit ein paar Kratzern wird
gegen einen geleasten Neuwagen getauscht.
Streit mit Freunden? Du ersetzt sie durch Neue.
Dein Lebensstil ist: Veraltetes, Schlechteres
gegen Neues und Besseres auszutauschen. Wie
soll der Mensch an deiner Seite die Sicherheit
haben, dass du ihn nicht irgendwann gegen
etwas "Besseres" austauschst?*

- *Kianimus (12.12.2012)*

Was bedeutet Ewigkeit in einer „Alles-ersetzbar-Zeit"?
Wahrscheinlich nichts, weil alles vergänglich ist. Und
trotzdem ist der Wunsch nach einer liebevollen Ewigkeit
tief in uns verankert. Schließe die Augen, atme tief durch
und stelle dir eine Ewigkeit vor. Dann stelle dir einen
Menschen vor. Wen siehst du? Diese Person möchtest du
für immer an deiner Seite haben. Ich hoffe, du hast nicht
einen Weihnachtsmann aus Schokolade gesehen. Hast du
eigentlich das schöne Datum des Zitates bemerkt? Am
12.12.2012.

Sie werfen den Burger lieber links einem Mülleimer zu, statt rechts einem Obdachlosen.

Sie spucken lieber runter auf den Boden, wo die Armen kriechen, statt den korrupten Beamten und Politikern ins Gesicht.

Sie schauen lieber nach vorne zu denen, die mit geklauten Brieftaschen lachend davonlaufen, statt nach hinten zu denen, die beklaut wurden und weinen.

Sie blicken auf das Äußere einer Person und urteilen im Voraus, statt das Innere eines Menschen kennenzulernen und im Nachhinein zu beurteilen.

Doch.. Wer sind 'Sie'?

Sei ehrlich zu dir selbst: Hast du dich bei manchen Sätzen gerade nicht wieder erkannt?!

- *Kianimus (26.12.2012)*

Ohne Worte. Ich lasse den erhobenen Zeigefinger mal unten. Denke still für dich selbst darüber nach..

Laute Geräusche, Geschrei, viele Sprachen und lautes Lachen.

Öffne müde meine Augen - spüre wie meine tiefen Gedanken erwachen.

Setz' mich langsam auf, stehe auf,

laufe schnell zum Fenster, öffne es und schau:

Dunkle Gestalten. Blaulicht erhellt sie rotierend.

Die Nachtluft ist kalt und ich sehe, wie sie sich alle provozieren.

Steine fliegen auf einen Polizeiwagen.

Sehe, was sie sich alles gegen die Polizei wagen.

Erwachte schreien: "Ruhe" vom Balkon und Zwiebeln werden geworfen.

Ich muss müde lächeln. Hier ist die Nacht noch nicht gestorben.

Immer das gleiche Schauspiel. Diese Bilder in meinem Kopf reden.

Schließ das Fenster, leg mich hin. Gute Nacht, Blockleben.

- *Kianimus (23.12.2012)*

Das war jahrelang mein Abendritual. Ob gewollt oder ungewollt. Die tiefschwarze Nacht war ständig erhellt von Blaulicht und Kegeln von Taschenlampen. Dieses Chaos aus diesen lauten Nächten steckte lange tief in mir. Heute bin ich es los.

Warum? Weil ich nicht mehr zum Fenster renne und das Fenster zu meiner Seele geschlossen habe: Mit Reife, die durch Geduld und viel Selbstheilung entstand. Liebe dich selbst! Jetzt!

Wir sehen uns im Jahr 2013.

P.S. Was ist so deine Schlafroutine?

2013

Das Jahr der Verantwortung & der Verliebtheit

Verantwortung war mir schon seit Kindheit an ein vertrautes Wort. Doch, dass ich auch Verantwortung für mich selbst habe - kam mir nie in den Sinn. Ich lernte bisher nur, dass ich mich um Andere und ihr Wohl kümmern muss. Und wenn ich verliebt war, tat ich das auch. Leider nicht immer mit Erfolg - wie die Zeilen, dieses Jahres auch erzählen..

Manchmal übersieht man einen Diamanten zwischen all dem Staub und der Erde. Manchmal kämpft eine gute Frau eine lange Zeit nur um deinen Blick. Nur damit du sie ansiehst. Nur damit du ihr ein einziges Mal tief in die Augen schaust. Ihr Beachtung schenkst. Sie eines Blickes würdigst. Was würde sie alles dafür tun.. Jedes Mal läuft sie mit sehnsüchtigen Blicken an dir vorbei, doch deine Augen sind mit anderen Dingen beschäftigt. Mit einigen Frauen, die viel schlechter sind als diese gute Frau. Deine Augen sind beschäftigt mit deren Kurven, deren Leggins oder deren Jeans und mit deren tiefen Ausschnitten. Oder du bist mit deinem Handy beschäftigt und merkst nicht - wie ein verstaubter Diamant allein auf dich wartet, um von dir zum Glitzern gebracht zu werden. Auf jeden Mann wartet eine Frau wie ein Diamant. Nur musst DU sie auch finden. Mach die Augen auf und schau dich mal nach dem Diamanten in deiner Nähe um!!!

- *Kianimus (12.04.2013)*

Wie erklärt man jemandem die Farben dieser Welt, der nicht bereit ist, sie zu sehen und sie zu fühlen? Jemand, der die Augen verschließt. Vor der Schönheit der Vielfalt des Lichtspektrums, das unsere Netzhaut trifft und unsere Synapsen so anregt, dass wir bei manchen Farbverläufen sogar Glückshormone ausschütten. Und wie soll jemand einen Diamanten schätzen, der Steinen hinterherjagt? Er schätzt es erst, wenn er aufhört, seinen Fokus auf diese zu legen - und beginnt nach dem seltenen Diamanten Ausschau zu halten. Der viel wertvoller ist als 10.000 Steine zusammen..

Hallo, Schatz. Der kleine Finger steht für die kleinen schönen Dinge zwischen uns. Der Ringfinger steht für unsere Ehe. Der Mittelfinger ist für die, die uns unser Glück nicht gönnen. Der Zeigefinger ist für die Deutung auf dein Herz. Der Daumen zeigt, wenn du mal wieder toll aussiehst und etwas toll gemacht hast. Reiche ich dir meine Hand, sind all diese Dinge vereint. Verstehst du jetzt, warum ich meine Hand in deine Hand lege?

-   *Kianimus (18.04.2013)*

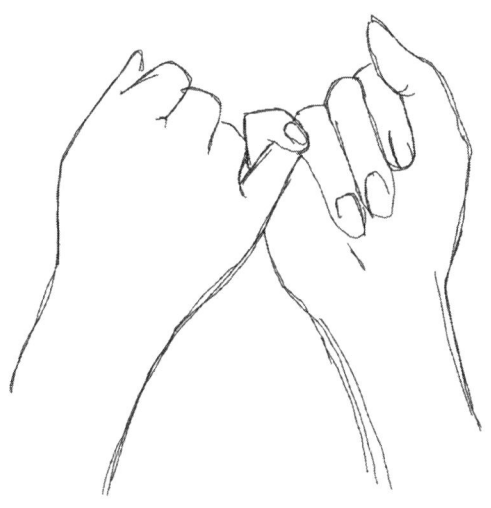

Händchen halten klingt total süß und jugendlich. Doch es ist so viel mehr. Dieser Text soll Finger für Finger zeigen, wie wunderbar und wertvoll eine solche Vereinigung sein kann. Und welche Bedeutung für mich persönlich dahintersteckt. Lass es auf dich wirken..

Er verehrt. Sie widerspricht.
Er verehrt. Sie widerspricht.
Er verehrt. Sie widerspricht.
Er verehrt nicht mehr. Sie verlangt..

- *Kianimus (21.04.2013)*

Und andersrum genauso. Das ist mir passiert. Und passiert so vielen Menschen, die ein toxisches Verhältnis eingehen, ohne es zu bemerken. Selbst, wenn eine Person nicht toxisch ist - entwickelt sie toxische Verhaltensmuster, weil der Partner von Grund auf toxische Energie in die Beziehung mitbringt. Diese Energie geht auch zu dir über. Und manifestiert sich tief in dir.. Lasse es nicht zu! Wende dich von toxischen Menschen ab - bevor du selbst zu einem „Energievampir" wirst, der die guten Energien anderer Wesen nur aussaugt..

Ich gehe den Spuren einer Frau nicht mehr nach. Kontrolliere sie nicht mehr. Vertraue ihr nicht mehr. Eifersucht bleibt aus. Es ist schwer geworden, all dies zu tun, weil der Drang dazu durch die Vergangenheit getötet wurde.

Wer wahrhaft liebt - reicht dem Partner zu dem Herzen noch ein Schwert, das dem Anderen die Möglichkeit gibt - wann er will, wo er will und so oft er will hineinzustechen - es zu töten oder länger zu quälen. Pass auf, in wen du dich verliebst, denn..

- *Kianimus (06.05.2013)*

Dieses Zitat von mir hat ein offenes Ende. Lass es mich nach acht Jahren ausführen: Pass auf, in wen du dich verliebst, denn dieser Mensch hat die Macht, dich und deine Emotionen zu kontrollieren, bis du nicht mehr Herr/Frau deiner Selbst bist. Und ab dem Zeitpunkt beginnst du zu verlieren. Am meisten dich selbst..

Es ist die Vergangenheit, die uns verbindet.
Manche sind geflüchtet, andere kamen wegen
Arbeit her und andere sind hier abgestürzt. Die
einen hatten mit Drogen, Alkohol und Gewalt zu
tun. Die anderen schlagen sich immer noch
damit rum. Einige tausend Menschen sind wir
hier - auf engen Raum. An die hundert Nationen
vereint auf fünf Hochhäuser. Verständlich, dass
es täglich Probleme gibt. Verständlich, dass
sich manche ab und zu hier schlagen, es
ausartet und das Ganze endet dann im
Polizeiwagen. Doch auch verständlich, dass
sich hier dicke Freundschaften gebildet haben.
Sich einige Ehepartner hier gefunden haben.
Und trotz der miserablen Lage zwischen
Kriminalität und Drogen haben diese grauen
Betonklötze auch Blumen, die blühen.
Spielende, lachende Kinder, die untereinander
teilen und noch nachfragen, wenn ihre Freunde
mal weinen. Ärzte, Ingenieure, selbst Profi-
Fußballer hat der Block schon rausgebracht.
Egal, was war und ist - du hast mich auch zu
dem gemacht - was ich war und heute bin..

- *Kianimus (24.05.2013)*

Vergiss niemals deine Wurzeln, aber vergiss auch niemals weitere gesunde, frische Äste in die Luft gen Himmel zu strecken. Wir sind nicht das Opfer unserer Wurzeln, sondern das Ergebnis unserer Versuche wunderschöne Äste und Blätter für uns und Andere erstrahlen zu lassen.

Und der Ort an dem ich verwurzelt und aufgewachsen bin, ist zwar trist und grau. Jedoch reichen meine Äste auch bis zu dir. In schönen Farben.

Bitte scan mich

Jeden Morgen nach dem Aufwachen und jeden
Abend vor dem Zubettgehen nehme ich mir ein
Glas Wasser, trinke es zur Hälfte aus und frage
mich: "Ist das Glas halb leer oder halb voll?"
Ich merke mir ob mein Tag und meine
Philosophie am Morgen mit Negativen oder
Positiven anfing und wie es endete. Automatisch
stelle ich mir die Frage: Warum? Warum
endete dieser Tag so? Dann fange ich an zu
suchen. So erfahre ich täglich etwas mehr über
meinen Alltag und mich. Denn, wenn du etwas
in deinem Leben suchst - finde dich erst selbst!

- *Kianimus (06.07.2013)*

Finde dich erst selbst. Diesen Ratschlag gebe ich vielen
jungen Menschen für ihren Lebensweg mit. Hast du dich
selbst gefunden, weißt du genau was du willst, wohin du
willst, wie du es willst und mit wem du es willst. Das
klingt jetzt zweideutig. Aber ich meine nicht das Sexuelle.
Sondern deinen Lebensweg: Was erwartest du vom
Leben? Wo siehst du dich in 10 Jahren? Wie möchtest du
dahin kommen? Und mit wem möchtest du in 20 Jahren
sein bzw. noch dabeihaben? Wir planen immer so
kurzfristig und machen uns Sorgen. Übersehen jedoch
dabei, wie schön und erfolgreich langfristige Pläne sein
können.

Du bist mein süßer Honig - auf bitteren Blättern.

Meine Rose im Winter.

Bist mein Mond - wenn die Lichter ausfallen.

Mein Glas Wasser in der Wüste.

Du bist mein Herz im Kapitalismus.

Meine süchtig machenden Chips - zum tristen Lebensfilm.

Du bist das reine Weiß in meinem dunklen Leben.

Meine bunte Blume zwischen brauner Erde.

Der Zucker in meiner Cola.

Das Blut in meinen Adern.

Du bist das Strahlen in meinen Augen.

Der Kraftstoff in meinem Auto.

Die Kette an meinem Fahrrad

Mein Schirm im Regen.

Du bist der stolze Baum, der mir in der Hitze kühlen Schatten spendet.

Du bist der nicht-endende Kreis an meinem Ringfinger.

Du bist jedes Wort in meinen Lyrics.

Die Tinte in meinem Stift.

Weißt du? Du bist das "Ich" in meinem „Ich"..

-   Kianimus (05.06.2013)

Dieses Gefühl von intensiver Liebe kennst du sicherlich. Fühle es einfach und lies den Text noch ein weiteres Mal durch.

Mein Leben hat eine Bestimmung. Ich spüre den Neid, Hass und die Eifersucht einiger Leute - egal wie man es nennen mag. Es fing in Extremen dieser Gesellschaft an, es verläuft in Extremen und wird auch in Extremen Enden. Ich kann mir kein durchschnittliches 08/15-Leben vorstellen. Standard-Beruf, Standard-Eheleben, Standard-Kindererziehung, Standard-Auto, Standard-Hobbys, Standard-Unterkunft - das ist alles nix für mich. Entweder ganz unten oder ganz oben. Damals auf der Wippe auf dem Spielplatz zu balancieren, war nie mein Ding. Ich ließ die kräftigeren Jungs immer auf der anderen Seite sitzen, um selbst ganz oben zu sein. Und wollten sie nach ganz oben, kloppte ich mich mit ihnen, bis der Platz ganz oben wieder mir gehörte. Verlor ich, blieb ich der Wippe fern, um irgendwann besser vorbereitet wieder zu kommen. Doch nie habe ich mich mit der Mitte zufriedengegeben - wo es keine wirkliche Action gab. Während die Kinder in der Grundschule alle irgendwann, wenn sie groß sind bei der Feuerwehr, Polizei, als Lokführer, als Tierärztin oder als Lehrer arbeiten wollten, antwortete ich auf die Frage der Lehrerin immer mit: "Superheld." "Das ist kein Beruf." war die Antwort jedes Mal. Was konnte ich für meine Träume? Auf dem Boden bleiben, war was für die Anderen - ich wollte fliegen.

Der einzige Linkshänder, der einzige, sofort erkennbare Migrantenjunge. Noch nie wurde ich als "Normalo" bezeichnet. Die einen hassten, die anderen liebten mich. Sowohl die Mädchen - als auch die Jungs. Jeden Tag brach ich in jeder Hinsicht meine eigenen Rekorde - egal ob negativ oder positiv. Und auch heute versuche ich es weiterhin.

Weißt du was? Mach das, was du liebst. Mach das, was dir gefällt - hast du Träume? Zeichne sie auf ein Blatt und häng es dir vor dein Bett - es soll dich jeden Morgen daran erinnern, dass du einen Traum zu verfolgen hast. Verfolge deine Träume! Sie fliegen weg. Wenn du wie die meisten Menschen ständig auf den Boden schaust - entwischen sie dir. Sei ein Falke! Nicht mehr, nicht weniger. Lass dich nicht beeinträchtigen in deiner Freiheit. Klassen, Gesellschaften, Unternehmen sind Käfige und in dir steckt auch ein Adler, der Freiheit will - nimm sie dir einfach - ohne die Freiheit eines anderen Adlers zu beeinträchtigen!

- *Kianimus (02.10.2013)*

Finde deine Bestimmung. Höre in dich hinein: Dein Inneres wird dir sagen, was du magst und was nicht. Ist die Umgebung zu laut? Das Handy klingelt zu oft? Zu viele Störfaktoren um dich herum?

Dann nehme dir ein paar Tage für dich: Verreise, geh in die Natur und entdecke deine innere Stimme wieder. Jeder Mensch hat sie in sich. Wir haben nur verlernt, auf sie zu hören, weil unser Umfeld zu laut geworden ist: Smartphones, Social Media, ständiges erreichbar sein – es hat uns taub gemacht für das Wichtige im Leben. Und? Schon in dich gehört? Mache es JETZT!

Manchmal habe ich geweint, weil ich kein Geld hatte.

Manchmal habe ich geweint, weil ich einsam war.

Manchmal habe ich geweint, weil ich Hunger hatte.

Manchmal habe ich geweint, weil ich kein Studium und kein Abitur hatte.

Manchmal habe ich wegen ihrer Verachtung geweint.

Manchmal habe ich geweint, weil keine Frau was mit mir zu tun haben wollte.

Manchmal habe ich geweint, weil sie vorurteilten.

Manchmal habe ich geweint, weil sie was Verletzendes gesagt hat.

Manchmal habe ich geweint, weil ich mich nicht hübsch fand.

Manchmal habe ich geweint, weil ich keine Zukunft sah.

Manchmal habe ich geweint, weil keiner meine Tränen kannte.

Manchmal habe ich geweint, wenn ich merkte, dass sie mich alle vergessen hatten.

Manchmal habe ich geweint, weil meine Bemühungen umsonst waren.

Manchmal habe ich so lange geweint, dass ich vor Schmerz schrie - weil meine Augen krampften.

Also bitte: Wenn ich heute lache - lass mich doch einfach lachen.
- *Kianimus (01.12.2013)*

Ich weiß nicht, wie viele schwere Zeiten du schon durchhast. Ich weiß nicht, wie viele Menschen dich verletzt haben oder was dich am schlimmsten verletzt hat. Ich weiß jedoch, gerade wenn du das hier liest, bist du auf dem besten Weg, dich zu heilen und das Beste aus dir zu machen. Hör nicht auf, an dich und deine Zukunft zu glauben! Etwas in mir sagt, dass du wunderbar bist und tief in dir ein schönes Herz und eine großartige Seele hast.

Bitte scan mich

2014

Das Jahr der Niederlagen & Aufstiege

Manchmal sind es Niederlagen, die man braucht, um wieder mit mehr Kraft aufzustehen. Das Jahr zeigte mir, dass ich auch mal fallen darf. Denn das Schicksal wusste, dass ein Kianimus immer wieder aufstehen wird. Selbst mit gebrochenem Herzen. Denn nichts kann mir den Willen brechen!

Ich sitze gerade nachts auf dem Steg hinter dem Zaun an den Bahngleisen und Blicke auf den Wald gegenüber. Die vorletzte Bahn fährt gleich an mir vorbei. Hinter mir ist mein Block. Der Wind weht kühl an mir vorbei.

Ein paar Leute im Block schreien laut. Kartoffeln fliegen wieder einmal. Meine Hände greifen an das Holz des Stegs. Doch höre ich nicht mehr genau nach hinten und schaue mit dem Geist nach vorne. Ich konzentriere mich auf nichts mehr. Ich verfalle in Leere, Einsamkeit und Unwohlsein. Ich schaue in die Sterne und frage mich, wie es wohl meiner Lieblingstante geht. Jedes Mal, wenn ich merke, dass es mir in meinem Leben an Liebe fehlt, denke ich an sie. Sie ist bisher der einzige Mensch gewesen, der mir bedingungslose, spürbare Liebe gezeigt hat. Auf ihrem Schoß saß ich beim Fernsehen als einziger von meinen Brüdern. Ich bekam immer als Erster die Schokolade und mich durfte niemand ärgern oder hauen, wenn sie da war. Sie starb an Krebs als ich noch ein kleiner Junge war. Ich schreibe diesen Text wie ein kleiner weinender Junge. Genau wie der kleine weinende Junge von damals, der mit blutenden Knien auf ihrem Schoß saß. Ich stand bei ihrem Begräbnis da und konnte es nicht realisieren. Ich vergoss eine erzwungene Träne, nur weil alle anderen weinten.

Damals konnte ich nicht realisieren, dass der allerliebste und allerbeste Mensch meiner Kindheit eben gegangen war. Dass Gott mir genau meine allerliebste Tante genommen hatte. Kurz danach endete meine Kindheit auch. Danach fingen alle Probleme an.. Ich werde nie ihr ehrliches Lächeln vergessen, weil es mich beruhigt, wenn ich heute in stürmischen Zeiten daran denke. Nie vergesse ich ihre braunen ehrlichen Augen. Nie vergesse ich ihre Stimme, die immer etwas Positives hatte. Ich werde ihre Umarmungen, Gesten und Gesichtszüge nie vergessen. Sie hat mich wahrhaftig geliebt und in ihren Armen war ich Kind: Ein Kind voller Herz, voller Seele, voller Freude - wie ein verspieltes Kätzchen. Sie war die Hüterin der Freude meiner Seele. Heute habe ich es erst richtig aufgefasst, dass sie für immer weg ist und es überkommt und zerfrisst mich - hunderte Tränen fließen. Ich korrigiere keine Zeile, kein Wort, keine Silbe. Ich muss es einfach ausschreiben. Ich hoffe, du schaust von da oben auf mich herab, betest für mich und bist stolz auf deinen Neffen - denn ich weiß: Du hast schöne Texte, Gedichte und Geschichten geliebt.

Möge deine Seele in Frieden ruhen und das Paradies dir jede seiner Kostbarkeiten zeigen.

Möge der Herr dich beschützen und die Sterne dein Abendlicht sein.

Möge dein Lächeln mich jeden Morgen als Sonnenstrahl treffen.
Für meine Lieblingstante - meine Seele.

- *Kianimus (20.06.2014)*

Ruhe in Frieden, Tante Huda.

Hyänen sehen den Löwen schlafen und erzählen: Wir haben ihn getötet.

- *Kianimus (25.06.2014)*

Wie oft passiert es, dass Menschen die Hälfte sehen, ein Viertel verstehen und ein Achtel weitererzählen. Sie verwechseln deine Höflichkeit, deine Ruhe und deine innere Zufriedenheit mit Schwäche. Du fürchtest die Menschen nicht mehr - weder ihre Angriffe noch ihre Hinterhalte. Weil du weißt, dass du stark und reif bist. Und du dir sicher bist mit den Schwierigkeiten des Lebens umgehen zu können!

Es ist mittlerweile anscheinend schwer geworden, einen Menschen zu finden in dessen Arme man jeden Tag fallen und Zuflucht finden kann - dass viele von uns bei fremden Menschen einen Gutschein aus Geborgenheit suchen, der seine Gültigkeit nach einer Nacht verliert..

- *Kianimus (24.09.2014)*

Vielleicht ist das der einzige Ausweg für manche Menschen, um vor ihrer Einsamkeit zu fliehen. Für mich war das nie ein Weg und auch nie eine Option. Fülle deine Einsamkeit mit dir selbst, deiner Familie, deinen Freunden und der Natur. Sport, Bücher lesen und meditieren helfen, um die Leere mit Positivem zu füllen, bis jemand kommt, der wunderbar ist. Für dich geschaffen ist und das Unperfekte perfekt macht. Wie stehst du dazu?

Liebe kann blind machen. Schließe ruhig ein Auge, um mit dem Herz zu sehen. Doch lasse das andere offen, um mit dem Verstand zu sehen.
Es gibt Leute, die nutzen deine Blindheit aus..

- *Kianimus (20.10.2014)*

Schon mal gehört, dass Liebe blind macht? Nimm die rosarote Brille rechtzeitig ab, um die Wahrheit zu sehen. Ist die Wahrheit wunderbar und dein Partner ein herzensreiner Mensch - dann kannst du sie wieder aufsetzen. Pass aber wirklich auf, dass du nicht dein Leben lang blind durch die Gegend läufst. Ab und zu hilft ein klarer Blick auf das Leben. Auch, wenn dein Partner zu 100 % vertrauenswürdig ist..

Hass ist die Abwesenheit von Liebe.

- *Kianimus (23.08.2014)*

Ich würde nicht behaupten, dass Hass das Gegenteil von Liebe ist. Sondern, dass das gesamte Konstrukt aus Hass und Liebe sich ähnlich wie das Prinzip von „Licht und Schatten" verhält. Schatten oder Dunkelheit sind in der Physik nur die Abwesenheit von Licht. Wo es dunkel ist, fehlt Licht. Und wo Hass ist, fehlt es an Liebe. Man kann Hass fast immer mit Liebe besiegen. Lass Liebe in dir blühen und genieße die Farben der Blüten, welche in dir ein Beet aus bunten Kontrasten ergeben..

Beobachte und sprich nur das Nötigste. Und
wenn du sprichst, dann wähle deine Worte so,
dass dir alle ihr Ohr schenken.
Ein Löwe brüllt selten, doch wenn er es tut, ist
der ganze Dschungel ruhig und hört ihm zu..

- *Kianimus (19.10.2014)*

Es ist nicht die Quantität der Worte, die uns zu guten und respektablen Menschen macht. Man sehe nur auf die aktuellen Politiker in Deutschland.

Es ist die Qualität der Worte, die dir Respekt einbringt und dich zu einem ehrwürdigen Menschen macht. Und diese Qualität erreichst du, wenn du deine Worte weise und mit Bedacht wählst.

Verteile eine gute Tat, verteile Menschlichkeit -
denn deine gute Tat verfolgt dich bis in die
Unendlichkeit..

- *Kianimus (02.11.2014)*

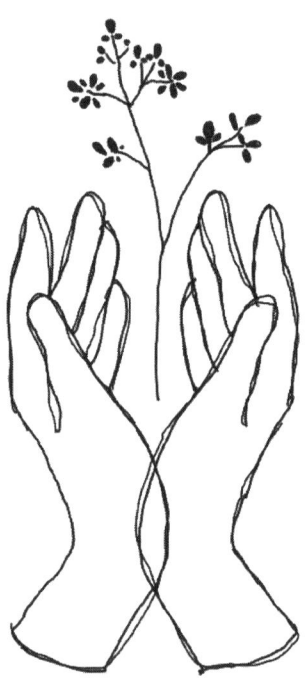

Bei all dem Egoismus, den wir an den Tag legen, darf die Menschlichkeit und Nächstenliebe nicht auf der Strecke bleiben. Sei es die alte Nachbarin, der du hilfst oder der Obdachlose, dem du Essen schenkst. Denke daran, dass wir in unserem tiefsten Inneren eine moralische Verpflichtung als Mitgefühl für unsere Mitmenschen, Tiere und die Natur tragen. Je tiefer du in dich hinein hörst, umso öfter wirst du diese Stimme erkennen.

Nenne sie nur "SCHATZ" - wenn du sie auch zu SCHÄTZEN weißt..

- *Kianimus (17.11.2014)*

Wörter wie „Schatz", „Baby" und „Engel" fallen heutzutage viel zu schnell und viel zu oft. Und so verlieren sie immer mehr an Bedeutung. Achte darauf, dich wirklich mit ganzem Herzen auf ein schönes Wort zu konzentrieren, wenn du es aussprichst. Wenn du es nicht fühlst, dann sprich es nicht aus! Denn du könntest mit solch´ schönen Wörtern Hoffnung in Menschen erwecken, deren Hoffnung du noch nicht verdient hast.

Mögen alle Wünsche, die du zu mir los schickst
- vermehrt zu dir wiederkehren.

-   *Kianimus (25.11.2014)*

Diesen Spruch habe ich an meinem Geburtstag geschrieben und veröffentlicht. Wieso? Ich habe viele Glückwünsche erhalten, aber auch einige böse Nachrichten. Von Menschen, die ich nicht einmal kenne. Über sowas rege ich mich nicht mehr auf. Denn egal, was sie mir wünschen - ich wünsche ihnen nur das Mehrfache zurück. Ohne es zu werten. Ohne es positiv oder negativ aufzunehmen oder auszusenden.

Denn erst, wenn ich es nicht mehr werte - bin ich frei von den äußeren Einflüssen der Menschen. Wichtig ist mein Einfluss auf mich selbst und der Einfluss derer, die ich um Rat bitten würde.

Eine "Löwin" lässt sich nicht an die "Leine" legen..

- *Kianimus (30.12.2014)*

Starke Frauen kennen ihren Wert, ihren Weg und ihre Wünsche sowie Bedürfnisse. Gib deine Prinzipien nicht für einen Mann auf, der versucht, dich einzuzwängen. Kenne deinen Wert!

Bitte scan mich

2015

Das Jahr der Frauen & der Ehre

Dieses Jahr war gefüllt mit Respekt vor Frauen. Jedoch auch mit Verachtung gegenüber den Männern, die solche Frauen betrügen und hintergehen. Jeder Mensch mit gutem Charakter hat gute Taten und gute Worte verdient. Und da mich meine Mutter allein erzogen hat - habe ich gesehen, wie sie mit bestem Gewissen den Platz meines Vaters ersetzt hat. Sie war stark wie zwei. Deshalb habe ich auch zweifachen Respekt vor ihr - und vor allen anderen wunderbaren Frauen, die jeden Tag ihr Bestes geben. Dieses Kapitel widme ich euch.

Sie hat auf dich gewartet.. Sie hat ihre Zeit mit dir verschwendet. Sie hat auf den Tag gehofft, an dem sie im weißen Brautkleid vor dir steht. Doch du hast ihr Leben verdunkelt. Sie wollte einen Ehering von dir Keine Augenringe.. Schlaflose Nächte hatte sie - und das nur wegen dir. Verweinte Augen, nasses Kissen. Du hast ihr am Anfang versprochen nie ihr Herz zu brechen - doch im Endeffekt hast du genau das getan.. Sie schläft kaum noch - und wenn sie schläft, dann meist schlecht - weil sie immer noch dein Gesicht in ihren Träumen sieht. Wenn sie wach ist, bist du in ihren Gedanken. All der Schmerz, verursacht durch die gemeinsamen Erinnerungen, zerreißt sie immer weiter.. Denkst du wirklich, dass du einer guten Frau so etwas antun kannst - und heil davonkommen wirst? Nein, auch du hast Frauen in der Familie und Frauen, die dir wirklich lieb sind. Das Schicksal ist schneller, als du denkst.. Fürchte dich vor der gerechten Strafe, die zu dir zurückkehren wird. Das gebrochene Herz einer Frau ist unbezahlbar, doch den Preis für die Schmerzen MUSST du zahlen!

- Kianimus (15.5.2015)

Alles kommt zurück. Ob in diesem Leben oder im Jenseits. Wenn du daran glaubst.

Trotz dessen ist es wichtig, dass du weißt, dass Menschen irgendwann ihre Quittung erhalten. Das Leben ist ein Restaurant und serviert jedem nur das, was er verdient - oder was er vertragen kann. Vergiss aber auch nicht, dass du auch auf deine Taten achten solltest!

Hey, du. Ja, ich meine dich. Hat dich heute eigentlich schon jemand gefragt, wie es dir wirklich geht - statt nur "Wie geht's?"

Hat jemand dir heute in deine schönen glitzernden Augen geblickt - statt nur ins Gesicht? Hat jemand dir heute schon auch "DANKE" vom Herzen gesagt - statt nur "Jo, danke."? Hat jemand dich heute schon darauf hingewiesen, dass du unglaublich toll aussiehst - statt nur ein trockenes Kompliment gegeben? Hast du heute schon ein paar liebe Worte geschenkt bekommen? Nein? Dann widme ich dir all diese Worte! Du bist ein toller Mensch! Lass es dir von mir jeden Tag gesagt sein..

- *Kianimus (17.06.2015)*

Manchmal vermisse ich diese Art von Menschen, die das Leben bereichern, indem sie einfach nur Wertschätzung vermitteln. Sie sind viel zu selten. Wenn du so jemanden kennst, lasse ihn nicht los und schätze ihn. Und wenn du selbst so jemand bist, bleib so. Ich bin stolz auf dich!

Sie blickt nicht mehr zurück in die dunkle Vergangenheit. Sie blickt in ihre helle Zukunft. Sie wischt die Tränen von gestern weg. Und lächelt den nächsten Morgen an. Sie steht zu ihren Schwächen. Doch fällt aufgrund ihrer Stärken nicht mehr auf falsche Tricks rein. Sie ändert ihren gemeinsamen Weg mit falschen Menschen. Sie läuft nur noch mit den Richtigen und wenn es sein muss - ganz allein. Sie hat Stolz in den Augen, Weisheit im Kopf, Liebe in der Brust, Frieden auf den Lippen und trotzdem das Schwert in der Hand. Nicht um jemanden zu verletzen, sondern um sich zu verteidigen und zu beschützen. Sie ist eine Heldin, eine Kämpferin, eine Beschützerin. Eine Frau wie ich sie mir immer an meiner Seite vorstelle..

-   *Kianimus (08.07.2015)*

Diesen Text habe ich damals für alle starken Frauen geschrieben, die es geschafft haben, mit ihrer Vergangenheit abzuschließen. Heute widme euch allen diesen Text. Ob Mann oder Frau: Wenn du stark geblieben und noch stärker geworden bist, möchte ich, dass du dich jetzt selbst anlächelst und sagst: Ich bin stolz auf mich! Mache das jeden Morgen und jeden Abend zehnmal vor dem Spiegel. Affirmationen für dein Herz.

Hinter jedem starken Mann steht eine starke Frau, wie du. Doch kaum ein Mann ist stark genug, um sich vor dich zu stellen. Zu oft sahst du Schwächlinge, die mit deiner Stärke, mit deiner großen Liebe und deiner Intelligenz nicht umgehen konnten. Sie haben sogar versucht, dir all das zu nehmen. Aber nicht mit dir! Du bleibst, wie du bist, du bleibst stark, du bleibst die kluge Frau, die ihre Zunge zu nutzen weiß - und deren Herz noch lieben kann. Zusammen mit deiner Stärke und Geduld wirst du irgendwann den richtigen Mann anziehen, der bei dir bleiben wird..

- *Kianimus (18.07.2015)*

Hast du diese Zeilen sehr gefühlt? Dann bin ich mir sicher, dass du das schon erlebt hast. Schwache Männer, die dir deine Stärke sogar nehmen wollen - damit du auf ihrem Level bist. Lass das nicht zu! Du bist so viel mehr!

Du kannst nicht die richtige Frau für den falschen Mann sein. Es ist schon schwierig genug für eine gute Frau mit einem schlechten Mann auszukommen. Er macht sie kaputt und sie versucht es auszuhalten. Doch, wenn er ihr lange genug den Atem genommen hat - bricht sie irgendwann aus und zeigt ihre Stärke gegenüber diesem schwachen Mann!!!

- *Kianimus (30.07.2015)*

Beiße dir die Zähne nicht an einem falschen Mann aus, der dich nur runterzieht und dein Leben erschwert. Lächle dem Schicksal mit deinen schönen Zähnen lieber ins Gesicht. Du hast genug Potenzial und Ressourcen, um mit einem richtigen Mann deinem Leben so viel Mehrwert zu geben. Fokussiere dich darauf!

Ich könnte dir stundenlang, nein, ich könnte dir ein Leben lang zuschauen, zuhören, deine Wärme fühlen und deine Nähe spüren. Ich möchte dir tief in die Augen schauen und sehen, wieviel Liebe in deiner Seele ist.

Jeden Wunsch von deinen Lippen ablesen.. Jeder Kuss ist besonders, jeder Biss auf die Lippen sagt: "Du bist meins." Jede deiner Umarmungen sagt: "Ich bin deins." Neben dir liegen und dich zu mir ziehen, dein Herzrasen spüren und mit jedem Kuss an deinem Hals, auf deine Schultern und jedem Flüstern in deinem Ohr erzählen, welche neue Idee ich heute zum Verführen für meine Lady habe – bis zum letzten Atemzug..

- *Kianimus (11.08.2015)*

Diese Zeilen sind intensiv. Intim. Und ideal für einen einsamen Moment, in dem man sich den wahren Partner für sein Leben wünscht. Denn sie erinnern daran, wie wunderschön es sein kann und wie schön es sein wird. Lasse sie auf dich wirken. Lyrisch und metaphorisch.

Du darfst jetzt nicht aufgeben! Bitte.. Kämpf'!
Kämpf', wie du auch vorher gekämpft hast! Sei
mutig! Sei stark, weil du nur stärker wirst - und
nicht schwächer. Das würden sie doch wollen:
Dass du jetzt schwach wirst und aufgibst..
NIEMAND hält dich auf! Bitte lauf' weiter,
kämpf' weiter, atme weiter. Tu' diesen Hyänen
keinen Gefallen!
Mache deine Feinde unglücklich - indem du
selbst glücklich bist!!!

    - Kianimus (22.08.2015)

Stark sein ist ein Zustand, stärker werden ist ein Prozess.
Der Zustand fördert den Prozess. Bleib stark. Denn nur so
kannst du gewinnen. Nur so kannst du das Beste aus dir
rausholen. Und nur so wirst du am Ende des Tages zeigen:
Ich bin stark! Ich bin anders! Ich bin ehrgeizig! Und ihr
bekommt mich nicht runter!

Bitte scan mich

Es ist dumm zu denken, dass ein Lügner sich für dich ändern wird. Er ist es gewohnt, Menschen für seine eigenen Zwecke zu benutzen und ihr Vertrauen zu missbrauchen.. Er lügt auf Kosten anderer, betrügt auf Kosten anderer, lebt auf Kosten anderer - und, wenn du nicht aufpasst, macht er all das auf deine Kosten. Dieses Monster fürchtet die Wahrheit extrem.. Deshalb wirst du nie sehen, wie er sich selbst im Spiegel sieht! Und du? Du bist nur wie ein "Vorteilsgutschein" für ihn. Wenn er diesen Gutschein verbraucht hat, schmeißt er ihn weg. Und dich auch..

Finger weg von so einem Heuchler, dessen dreckiges Leben NUR auf seinen Lügen aufgebaut ist!!!

- *Kianimus (14.08.2015)*

Tatsächlich gibt es einen kleinen Prozentanteil an Lügnern, die sich ändern. Jedoch ist es wahrhaft irrsinnig zu denken, dass jener Lügner sich ändern wird, welcher dich ständig verletzt und belügt. Gib ihn auf. Auf dich warten größere Projekte in dieser weiten Welt.

Es ist traurig, dass manche Frauen alles für ihre Liebe geben und nichts zurückbekommen - und andere Frauen nichts tun und alles kriegen. Ein Mann, der den Wert seiner Frau nicht erkennt, wird ihren Wert wahrscheinlich nie oder einfach nur zu spät erkennen.. Aber auch eine Frau, die einen Mann ausnutzt, der ihr alles gibt - wird nie einen Wert haben..

Lasst jeden gehen, der euren Wert nicht sieht - weil er anscheinend selbst ein billiger Mensch ist..

- *Kianimus (13.08.2015)*

Verkaufe dich nicht unter Wert. Das werde ich dir noch oft im Buch sagen. Gib deinen Wert nicht für jemanden auf, der deinen Wert nicht einmal annähernd erkennt. Bewahre dir deine Liebe für jemanden auf, der sie wirklich schätzen wird. Und es ist gewiss, dass du diese Person finden wirst..

Manchmal, wenn ich an dich und die alte Zeit denke, will ich dich wieder anrufen und dir schreiben.. Ich möchte mein Herz sprechen lassen und dir sagen: "Es tut mir leid für alles, was ich gesagt und gemacht habe. Es war ein Fehler. Ich habe es eingesehen, dass..
.. du noch ehrenloser und ekelhafter bist, als ich dachte."

- *Kianimus (15.08.2015)*

Manche Menschen erinnern uns an Zeiten, die wir als intensiv empfinden. Deshalb wiederholen wir diese Gedanken. Doch mit genug Abstand, ob räumlich oder zeitlich - bemerken wir, dass wir diese Erinnerungen romantisiert haben und diese Zeiten eigentlich nur negativ waren. Und dann kommt man zu dem Entschluss, den ich dir folgend mitteile..

Entweder ändere ich jetzt etwas - oder es
verändert mich.. Entweder beende ich es jetzt -
oder bin selbst bald am Ende..
Entweder scheiße ich heute auf dich - oder bin
dir selbst morgen scheißegal..
Entweder verschließe ich dir heute meine Tür -
oder du sperrst mich morgen aus..
Entweder - oder.
Entweder - oder.
Entweder - oder..

- *Kianimus (05.09.2015)*

Wie oft hast du in letzter Zeit vor diesem Dilemma gestanden? Stelle dir die Frage und dann antworte selbst: Entweder. Oder..

Entscheiden musst du selbst. Weder ich, noch dieses Buch können dir diese Entscheidung abnehmen. Aber ich kann sie dir erleichtern. Mit all den Zeilen und Wörtern, die ich dir in deinem Kopf mitgebe..

Eine Frau kann dir so vieles verzeihen und überall ein "Komma" setzen, wenn du Fehler machst. Doch, wenn du nicht aufhörst Scheiße zu bauen und keinen "Punkt" machst - zwingst du sie dazu einen "Schlussstrich" zu ziehen..

- *Kianimus (08.11.2015)*

Stimmst du zu? Ich bin mir sicher, dass jede Frau irgendwann den Punkt erreicht, den Schlussstrich zu ziehen. Die Einen früher, die Anderen später. Bist du bereit, es zu tun? Es wird dich befreien, wenn dein Partner dir und deinem Leben nur Schmerz zufügt. Schmerz, der tief in dir drinsitzt, sich in dir verankern möchte und durch deinen Körper wächst wie ein Krebsgeschwür. Ist er das wert?

Hinter jeder starken Frau sollte ein Löwe stehen. Doch meistens sehe ich nur bellende Hunde hinter ihr, die ihr Vertrauen ausnutzen, ihr Herz brechen und nur das "Fleisch" dieser Löwin genießen wollen..

- *Kianimus (23.11.2015)*

Achte darauf, ob er zu dir steht - oder nur hinter dir. Wenn die Kugel zum Beispiel von vorne kommt, wird ein Mann, der nur hinter dir steht, keine Hilfe sein. Achte darauf, ob er dein Herz und deine Seele liebt - oder nur deinen Körper und dein „Fleisch". Wichtige Merkmale, die erkennen lassen, ob er es ernst mit dir meint. Und ob er für immer bleiben möchte..

Ich sehe eine Frau in dir, die viel zu oft verziehen hat, wo sie hätte kalt sein müssen.. Eine Frau, die viel zu oft "Ja" sagte, obwohl du in diesen Momenten ein "NEIN" hättest schreien müssen. Du bist viel zu oft hinterhergelaufen, obwohl der Mann eigentlich hätte um dich kämpfen müssen.. Du bist viel zu interessiert an einem Hund, der nichts für dich übrighat. Obwohl du eine Löwin bist. Ich bin einer der wenigen Löwen, der um dich kämpfen würde - doch ich werde mich dir nicht nähern, solange dein Herz einem anderen gehört. Denn das erlaubt meine Ehre nicht..

- *Kianimus (04.12.2015)*

Vielleicht wartet da draußen jemand, der nicht auf dein Herz tritt und es in kleinsten, schimmernden Scherben hinterlässt - wie der, den du gerade neben dir hast. Wie sicher bist du dir, dass er für immer bleibt. Lies den letzten Text nochmal und finde es auf eigene Faust heraus.

Wenn ich aufhöre mich über dich aufzuregen und anfange zu schweigen - bist du mir nicht nur egal geworden, sondern hast mich auch noch für immer verloren..

- *Kianimus (14.12.2015)*

Gute Kommunikation ist die Rettung für über 90 % aller kriselnden Beziehungen. Doch wenn der Partner nicht bereit ist, seine Fehler einzusehen - wird dein Aufregen und dein Reden nichts bringen. Es folgt das ratlose Schweigen. Passiert dann weiterhin nichts, musst du gehen.

Sie ist kein Rätsel, das du lösen musst.. Respekt + Liebe + Aufmerksamkeit. Mehr braucht sie doch gar nicht. Aber selbst diese 3 einfachen Dinge kriegst du nicht hin.
Also, für Rätsel wärst du sowieso zu dumm..

- Kianimus (17.12.2015)

Wenn ein Mann diese Formel nicht versteht und sie nicht dauerhaft lösen kann, dann lass ihn sitzen bleiben. Er soll die Klasse wiederholen, während du weiterziehst.

*Es gibt mich nur einmal in deinem Leben. Und
wenn du Scheiße baust, mich nicht zu schätzen
weißt, mich belügst, betrügst und respektlos bist
- werde ich auch nur einmal gehen. Weil ich
danach nie wieder zurückkomme..*

- *Kianimus (22.12.2015)*

Das kannst du sicherlich gut nachempfinden. Und an wen
hast du dabei gedacht? Ich hoffe, nicht an mich. Lach. Ich
denke, du denkst manchmal auch zu viel. Doch, wenn du
zu Ende gedacht hast - ist dein Entschluss meist der
Richtige. Und wenn du den Entschluss für richtig
empfindest, dann revidiere nicht. Bleib bei deiner
Entscheidung. Das wird dir Respekt verschaffen und dir
inneren Frieden geben. Denn man bereut zweimal, wenn
man sich wieder zu falschen Menschen kehrt.

*Eine Sache hat mir meine Mutter beigebracht,
die ich bei den meisten Menschen nicht finde.
Wenn ich es in einem Satz formulieren soll,
dann lehrte sie mich: "Kämpfe hart um das, was
du haben willst. Genieße deinen Sieg mit
Bescheidenheit. Aber akzeptiere auch stolz
deine Niederlagen.."*

- *Kianimus (28.12.2015)*

Diese Zeilen schrieb ich als Jahresabschluss, um mir klarzumachen, dass auch das erfolgreichste Jahr seine Niederlagen enthält. Niederlagen, die keiner sieht. Weil du für dich allein weinst und gemeinsam mit der Welt lachst. Niederlagen, die dich stärker und reifer machen. Niederlagen, die immer vor dem Sieg kommen. Gewinne, indem du erst verlierst!

2016

Das Jahr der Kriege & intensiver Gedanken

Innere Kriege, aber auch Kriege in der Welt haben dieses Jahr für mich erschwert. Und mich erschüttert. So viel Doppelmoral, die diese Welt an den Tag legt, kann manchmal unerträglich werden. Und wütend machen. Manche Texte aus diesem Jahr sind emotionsgeladen und das dürfen sie auch sein. Das eine oder andere Gefühl der Machtlosigkeit, der Verzweiflung oder der Wut - wirst du sicher wieder erkennen.

Manchmal musste ich Menschen loslassen, obwohl ich sie gerne festgehalten hätte.

Manchmal musste ich Menschen hassen, obwohl ich sie liebend gern in den Armen behalten hätte..

Manchmal war ich eiskalt zu ihnen, obwohl ich im Inneren brannte.

Und heute muss ich sie so ignorieren, als ob ich sie nie kannte..

Warum ich all das tat, warum ich all das tun musste?

Um mich zu schützen - weil meine Seele wegen solchen Menschen schon zu oft bluten musste..

-   *Kianimus (10.01.2016)*

Manchmal sind Distanz und eine gesunde Dosis „Kühle" die beste Lösung, um sich selbst zu schützen. Wenn du jeden in und an dein Herz lässt, wird Verwüstung entstehen. Als würde deine Haustüre offenstehen und jeder darf ein- und ausgehen. Was würde geschehen?

Ich habe Angst, die Menschen zu verlieren, die ich liebe, die mir wichtig sind und die ich für immer in meinem Leben brauche.. Manchmal macht mich diese Angst krank, sie nimmt mir das Glück in den gemeinsamen Momenten mit genau diesen Personen und macht mich traurig, weil mir immer wieder der Gedanke in den Kopf schießt - dass irgendwann dieser Mensch nicht mehr da sein könnte.. Während ich mit euch, meinen Geliebten, lache - weine ich innerlich.. Es ist schwer zu beschreiben, selbst für mich. Aber vielleicht ist da draußen jemand, der das versteht - oder genau diese Angst auch kennt. Sag mir: Verstehst du das???

- *Kianimus (29.01.2016)*

Dieses Problem von innerer Zerrissenheit zwischen Freude und Trauer entsteht, wenn du nicht dem Moment lebst. Im Hier und Jetzt. Atme durch und richte deine Achtsamkeit auf das Jetzt. Denn sonst trauerst du der Vergangenheit hinterher und fürchtest die Zukunft. Lebe die Gegenwart in vollen Zügen. Atme sie tief ein und aus.

Manchmal ist eine Freundschaft viel wertvoller als eine Verwandtschaft. Ein Freund kann wie Familie sein.. Es ist nicht das Blut, das euch verbindet und zueinander loyal macht - sondern die Luft, die ihr atmet, wenn ihr euch zusammen kaputtlacht, die Tränen, die ihr zusammen weint, wenn es euch nicht gut geht und das Herzrasen, das im gemeinsamen Takt schlägt, wenn ihr gerade zusammen Scheiße baut.. Wahre Freunde sind Familie!

- *Kianimus (01.03.2016)*

Ich habe gemerkt, dass es oft Freunde oder gar Fremde sind, die uns unglaublich guttun - während unsere Nahestehenden uns verletzen. Deshalb entstand dieser Text als eine Art Liebesbekenntnis für meine Freunde, die in den schwierigsten Zeiten für mich da waren.

Danke nochmal! Wenn du solche Menschen um dich herumhast, vergiss nicht, ihnen Danke zu sagen. Und sie dementsprechend wertzuschätzen.

Der perfekte Freitagabend.. Sie ist treu, wartet, bis ich nach Hause komme und freut sich mit strahlenden Augen, wenn sich die Tür öffnet.. Sie umarmt mich, ich küsse ihre Stirn. Sie sagt: "Hallo, my Baby " Ich antworte: "Hey, meine Königin,." Wir schauen uns innig an, sie duftet gut - ich rieche nach "Arbeit". Ich gehe duschen, Sie bereitet den Esstisch vor. Wir essen zusammen, füttern uns, lachen, sie fragt mich wie die Arbeit war, ich frage sie, wie ihr Sport war. Wir räumen zusammen ab, ich wasche das Geschirr mit ihr, wir beschmieren uns mit dem Schaum des Spülmittels.. Sie weint vor Lachen, ich habe Bauchschmerzen vor Lachen. Wir setzen uns auf die Couch, streicheln uns, schauen einen Film und naschen Obst mit Schokolade. Sie füttert mich mit Erdbeeren, ich füttere sie mit Schokolade.. [..] Ich trage Sie zum Bett, sie schläft ein, ich decke sie zu. Räume das Wohnzimmer auf, streichle Ihr Gesicht, lege mich zu ihr, umarme sie von hinten, zieh sie an mich, sie wird kurz wach, ich küsse sie in den Schlaf und schlafe dann auch ein..

- *Kianimus (29.04.2016)*

Sehnsucht – nach einer Frau von Klasse. Das Wort „Sehnsucht" beschreibt diesen Text am besten. Lass es auf dich wirken. Lies es nochmal. Es bedarf hier nicht vieler Worte, um diesen Text zu erklären. Sehnsucht ist wunderbar. Sie ist erfüllend. Sie ist angenehm. Vor allem, wenn sie endet.

Bitte scan mich

Für den Fehler eines einzelnen Menschen darf niemals ein ganzes Volk oder eine ganze Religion verantwortlich gemacht werden!
Der Islam ist nicht für den ISIS schuldig!
Das Christentum fördert keine pädophilen Pfarrer!
Und Deutschland heute hat keinen Hitler mehr zu verantworten!
Genauso wie München nicht für einen Herumschießenden zur Rechenschaft gezogen werden muss!
Schuld ist nur der Dreck der Menschheit!!!

- *Kianimus (23.07.2016)*

Mein Volk: Mensch. Das ist seit Jahren mein Prinzip und daran halte ich bis zum letzten Atemzug fest. Es gibt überall gute und schlechte Menschen auf der Welt. Wir dürfen sie nicht in einen Topf werfen, weil einer aus der Reihe tanzt. Oder noch schlimmer. Es ist wichtig, dass wir weltoffen sind und bleiben. Nur so können wir unsere Heimat Erde zu einem angenehmen Wohnort für alle machen. Ohne Fremdenhass und ohne Rassismus. Fange heute schon an: Sieh dir die Erde als ein Ganzes an! Und nicht als Kugel, die durch Grenzen lebt - die Menschen erschaffen haben.

Stell dir vor, dein Kind, dein Neffe, deine Enkel oder dein kleiner Cousin spielt auf dem Spielplatz. Er lacht, schaut zu dir, der Himmel wird dunkel - es beginnt zu regnen und zu hageln. Und das Kind stirbt..

Wie das passiert ist? Was verstehst du unter "Regen" und "Hagel"? Wassertropfen und Eis? Manche Menschen in anderen Ländern dieser Welt kennen es nur, wenn es Bomben regnet und hagelt..

- *Kianimus (24.07.2016)*

Es ist nur eine Frage der Umstände, die wir erlebt haben - ob wir solche Situationen nachvollziehen können oder nicht. Denn dieses Maß an Empathie hat nicht jeder. Nur jene, die selbst schon oft im Leben verloren haben..

Ein Versprechen machen, kann jeder. Ein Versprechen halten, können nur wenige. Es ist ein Charakterzug der wahren Könige.. Könige, die keine Krone tragen - und Königinnen, die keine Krone tragen. Sie geben ihr Wort und halten, was sie versprechen. Bis auf's Blut - ohne es je zu brechen. Blut, das nicht königlich ist - jedoch einen Charakter, der royal und loyal bleibt.. Ein Versprechen ist schnell gemacht, doch langwierig in der Einhaltung. Also sollte man den Verstand einschalten und nicht schließen, wenn man den Mund öffnet. Denn leere Worte beschmutzen nicht nur deine Ehre, sondern hinterlassen auch neben dir nur Leere.. Eine Leere, die entsteht, weil jeder, den du kanntest - wegen deinen falschen Versprechungen irgendwann geht..

- Kianimus (31.07.2016)

Kennst du das, wenn Menschen dir etwas versprechen - und du ganz genau weißt: Das hält diese Person ohnehin nicht ein! Ich fand und finde es immer noch sehr respektlos, ein Versprechen abzugeben, von dem man weiß, dass man es nicht einhalten kann. Hast du solche Leute in deiner Umgebung, wirst du immer Enttäuschungen erleben, wenn du ihrem Wort vertraust. Vielleicht wird es Zeit, heute auszusortieren..

94

Ich bin nicht perfekt. Natürlich habe ich meine Fehler, meine Macken, meine Dummheiten und meine Sorgen sowie Probleme. Ich lache viel, aber weine auch mal. Ich bin freundlich und höflich, doch auch mal wütend und kalt. Aber wenn du mich brauchst - kannst du dich auf mich verlassen! Warum? Ich verstelle mich nicht und trage keine Maske! Ich bin wie ich bin - zu 100 % echt..

- *Kianimus (28.07.2016)*

Echte Menschen sind eine Rarität. Viele verstecken sich heutzutage hinter Masken - verständlich. Man versucht, sich selbst zu schützen, indem man sich verstellt. Man schlüpft in eine Rolle, die einem Sicherheit und Halt bietet. Und verliert sich Stück für Stück selbst. Doch genau das sorgt folgend dafür, dass man unzufrieden wird. Denn das verlorene Ich fördert das suchende Ich. Und eine Suche ist mit Mühe verbunden, die an deinen Kräften zerrt - bis du nicht mehr kannst. Verstelle dich nicht, sondern erkenne deine Stärken und Schwächen! Mit diesem Bewusstsein über dich selbst wirst du dich lieben und schätzen lernen, sodass du dein wahres Ich offen und stark in die Welt tragen kannst. 100 % authentisch!

Ich bezeuge hiermit, dass ich immer versucht habe, ein guter Mensch zu sein. All der Pein, all das Leid, jeder Streit und jede schwere Zeit - alles habe ich überstanden, ohne je jemanden verraten oder hintergangen zu haben.

Ich habe stets versucht eine gute Seele zu sein: Keine Frauen verarschen, keine Freunde betrügen, keine Menschen verletzen, immer gut zu Tieren zu sein, Älteren Respekt geben und Kindern Hoffnung schenken. Es war nie meine Absicht, jemanden jemals auch nur einen Atemzug voller Schmerz zu geben. Wenn ich um mich schlug, war es Angst und Verteidigung aus Not.. Ich meinte es nie böse und nie war ich teuflischer Absichten.

Ich bitte um Verzeihung. Um Verzeihung bei all jenen, die Negatives und Böses von mir erfahren haben..

Vergebt mir..

- Kianimus (08.09.2016)

An dem Tag habe ich um Vergebung in meinem Umfeld gebeten. Und somit mir selbst vergeben. Schreibe dir jetzt auf, was du dir und den anderen vergeben willst. Mach dich frei von der Last der Rache oder Reue. Vergebe dir selbst! Unterschreibe es und bewahre es für dich auf. Ab heute hast auch du dir selbst vergeben!

96

Mögen Kurden & Türken endlich Frieden schließen,
Palästina & Israel mit dem Krieg abschließen.
Bevor Soldaten immer mehr Kinder niederschießen,
wünsche ich mir lieber, dass dort wo heute Leichen liegen, morgen Blumen sprießen.
Die Tränen einer Mutter sollen nie mehr fließen,
weil kein Sohn im 21. Jahrhundert gezwungen sein sollte - für seine Familie Blut zu vergießen..

- *Kianimus (24.10.2016)*

Seitdem ich denken kann, habe ich mir Frieden für diese Welt gewünscht und auch viel versucht, um es in meinem Umfeld herbeizuführen. Denn erst, wenn du bei dir anfängst Frieden zu stiften - kannst du Frieden in die Welt hinaustragen. Hast du Krieg in dir, wirst du Krieg mit deinem Leben und deinem Umfeld haben. Fange bei dir an! Und du wirst alles um dich herum verändern.

Ich vermisse die Zeiten, in denen man sich mit einem alten Mann auf der Parkbank unterhalten konnte, ohne von anderen schief angeschaut zu werden. Ich vermisse lächelnde Gesichter in der Bahn. Ich vermisse das Lachen Erwachsener, wenn ein Baby lacht. Ich vermisse Menschen, die mit offenen Augen durch die Welt laufen – statt wie Zombies auf ihre Smartphones zu blicken..

- *Kianimus (15.11.2016)*

Ach, alte Zeiten. Als wäre ich schon ein Greis. Trotz dessen kenne ich es aus meiner Kindheit, dass man miteinander gesprochen hat, statt übereinander. Oder sich ansah, statt sein Smartphone. Oder dass man Kinder anlächelte - statt sie wegen einer WhatsApp-Nachricht, die man zu beantworten hat, zu verscheuchen.

Ich vermisse es, dass Menschen sich wirklich nah sind. Nicht nur über Internet und Social Media vernetzt. Sondern nebeneinandersitzen und sich spüren. Die Herzlichkeit, die Wärme, die Freude und das Vertrauen. All diese Energien, die zusammenfließen, wenn man sich wirklich auf den Menschen, der vor einem sitzt, fokussiert. Was hältst du davon?

2017

Das Jahr der Erkenntnisse & Verständnisse

Dieses Jahr war voller Erkenntnisse, Besänftigung und Wärme. Auch, wenn mich einiges provoziert hat und ich gewisse Missstände nicht unausgesprochen (oder unausgeschrieben) lassen konnte. Mehr private Erfolge - wie eine begonnene Ausbildung - haben mir mehr Mut für die Zukunft gegeben.

Ehrlicher Hass ist mir angenehmer als falsche Liebe.

- *Kianimus (01.01.2017)*

Mir ist es lieber, dass man mir ehrliche Abneigung zeigt, anstatt falsche Zuneigung. Ich denke, dass man so auch besser weiß, wer jemand ist. Ich bezeichne das so: Es gibt kalte Kreise und warme Kreise. Kalte Kreise bezeichnen Personengruppen, die dich nicht mögen oder kaum mit dir sympathisieren. Warme Kreise sind meist kleinere Personengruppen, die dafür aber eine engere Bindung zu dir haben. Weil sie dich gernhaben und weniger Distanz vorhanden ist. Ob die Person zu deinem warmen oder kalten Kreis gehört - also zu deiner engeren Personengruppe oder zu der Gruppe gehört, die dich nicht mag - ist durch ehrlichen Hass besser zu beurteilen. Und macht es auch einfacher, zu selektieren. Hass ist eine Hyperbel in dem Zitat. Es kann genauso ehrliche Abneigung sein, durch die sich Menschen aus einem kalten Kreis zu erkennen geben.

Ich will hier keine großen Reden schwingen oder die falschen Menschen loben. Ich möchte nur aufrichtig DANKE sagen - an jeden Fan, jede Leserin, jeden Leser, jeden Löwen und jede Löwin! Danke an alle, die die Person hinter meinen Texten sehen und sich für mein Wohlergehen interessieren! Danke an jeden, der meine Texte schätzt und loyal ist! Danke an jeden, der merkt, dass ich es in meinem Leben nicht einfach hatte und habe und mich supportet! Danke an jeden, der sieht, dass ich kein Heiliger bin - sondern mich mit meinen Fehlern und Macken akzeptiert! Danke an jeden, der meine Videos auf YouTube feiert und mich in den Nachrichten ständig nach einem "Buch" oder "Album" fragt! Ich will euch nicht enttäuschen, aber ich arbeite seit Langem an etwas, das ihr dann von mir in den Händen halten könnt.. DANKE!

- *Kıanımus (16.01.2017)*

Es ist so weit. Du hast endlich mein Buch in der Hand. Danke nochmal! Für alles!

Bitte scan mich

101

Ich will dich einfach in meine Arme schließen -
nachdem Andere dich mit Füßen getreten
haben..

- *Kianimus (06.01.2017)*

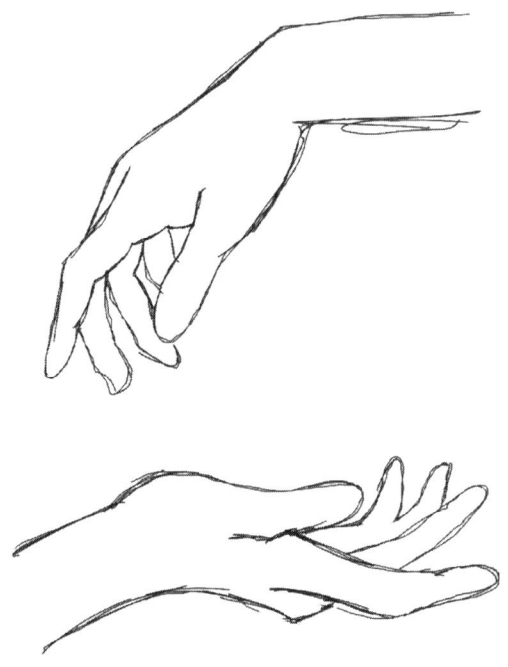

Kennst du das? Dieses Gefühl, das du hast, wenn du auf eine toxische Beziehung zurückblickst. Vielleicht sogar mit einem Narzissten oder einer Narzisstin? Man fühlt sich wie mit Füßen getreten. Wie schön ist die Vorstellung dann, dass dich jemand irgendwann auf Händen tragen wird. Und dich als Menschen wirklich wertschätzt! Schließe eine Minute die Augen und lasse es auf dich wirken. Das ist wunderbar!

Du bist zwar nicht die erste Frau in meinem
Leben. Nein.
Aber bei Gott: Du wirst die Letzte sein!!

- *Kianimus (12.01.2017)*

Wir können an der Vergangenheit nichts ändern. Doch das Beste aus der Gegenwart und Zukunft machen. Diesen Satz wiederhole ich oft. Er sollte sich in deinem Kopf und deinem Unterbewusstsein einprägen. Selbst die letzte Minute ist nun Vergangenheit. Du machst gerade das Beste und versuchst die Gegenwart und Zukunft zu verbessern. Indem du das Buch geholt hast und liest. Und auch die letzte Frau oder der letzte Mann in deinem Leben sind das Schönste, was es gibt. Wer vorher da war, ist nicht mehr da. Er oder sie „war"..

Ich bin bereit für meine Familie, Frau und Freunde alles zu geben. Selbst meinen letzten Atemzug..

- *Kianimus (04.01.2017)*

Loyalität. Ein Begriff, der oft gesagt, aber selten gelebt wird. Heute weiß ich, dass Loyalität nicht nur ein Charakterzug ist - sondern eine Selbstverpflichtung gegenüber den Menschen, denen man sie schenkt. Wenn du loyal bist, bist du zu 101 % verfügbar, wenn diese Personen dich brauchen. Das geht auch nur mit einer Anzahl an Menschen, die du an einer Hand abzählen kannst. Kannst du das, dann hast du Loyalität verstanden.

Ein Leben lang dieselbe Frau daten. Mehr will ich nicht..

   -   *Kianimus (07.01.2017)*

Lasse niemals davon ab, regelmäßig besondere Momente in deine Beziehung einzubauen. Auch nach Jahren, wenn die Routine einkehrt, darf der Alltag euer Bündnis nicht trist erscheinen lassen. Nutze den Moment: Schenke ihr eine gepflückte Rose oder kaufe zwei Kinotickets für einen Film mit seinem Lieblingsschauspieler. Du denkst dir, mit Kindern geht das zeitlich nicht? Dann schaut zu Hause, wenn die Kinder schlafen, einen Film, den ihr am Anfang eurer Beziehung gemeinsam gesehen habt. Schreib ihr einen Brief. Lass dir was Kleines einfallen, damit die Besonderheit eurer Beziehung wieder auffällt. Kleine Gesten machen große Momente..

Ich glaube ganz fest daran!

Falsche Menschen bereuen ihre Fehler nicht. Sie haben nur Angst, dass sie etwas oder jemanden verlieren könnten, den sie dann nicht mehr ausnutzen können..

    - *Kianimus (27.01.2017)*

Um das zu verstehen, hat es lange gebraucht. Doch diese Wahrheit in zwei Sätze zu packen, war mir enorm wichtig. Manchmal verstehen wir Dinge nicht, bis ein einziger Spruch es simplifiziert und es Klick macht. Lies es dir nochmal durch und vergewissere dich, dass du solche Personen NICHT mehr in deinem Umfeld hast.

Wenn du Respekt vor deiner Frau hast, wird sie Respekt vor dir haben, Bruder..

- *Kianimus (30.01.2017)*

Dein Partner ist fast immer das Spiegelbild deines Wesens und deiner Taten. Achte trotzdem darauf, mit bestem Beispiel voranzugehen. Ein guter Partner wird dir folgen und du ihm. Ein schlechter Partner wird sein Spiegelbild hassen, das du ihm als Reflektion für sein Verhalten zeigst. Würdest du dein Spiegelbild lieben?

Es sind oft ganz gewöhnliche Menschen, die das Leben besonders machen..

- *Kianimus (04.02.2017)*

Oft sehnen wir uns nach besonderen, exklusiven Dingen. Kommt dir das bekannt vor?

So ist es auch mit Menschen.. Doch es sind die gewöhnlichen Menschen, die uns meistens das beste Gefühl geben: Ob Sicherheit oder tiefes Vertrauen.

Stelle dir vor, du hast großen Hunger. Statt ein 4-Gänge-Menü zu essen, schnappst du dir ein Schwarzbrot. Atmest den Duft von frisch gebackenem Brot ein, spürst den weichen Teig im Inneren der Scheibe. Fühlst die knusprige Kruste an deinen Fingerspitzen und schmierst weiche Butter auf das noch weichere Brot. Danach beißt du rein und der Geschmack von schmelzender Butter, aromatischen Schwarzbrot und dunkler Kruste im Mund haut dich einfach um. Lecker! So ein einfaches Essen. Und doch so intensiv und bekömmlich. Genauso ist es mit einfachen und gewöhnlichen Menschen, die dein Leben verschönern.

Meine Frau soll mit mir in Palästen thronen und alles haben, denn in meinen schlechtesten Zeiten – hat sie bei mir auf dem Boden geschlafen..

- *Kianimus (14.02.2017)*

Jemand, der dich eine Ewigkeit begleitet - ob in guten oder schlechten Zeiten. Das ist ein wahrer Juwel. Ein Geschenk des Schicksals. Oder ein Geschenk Gottes. Je mehr schwere Zeiten ihr gesehen habt, umso mehr wachst ihr zusammen. Das heißt nicht, dass du schwere Zeiten initiieren sollst, um eine stärkere Bindung aufzubauen. Das kann schnell nach hinten losgehen. Versuche jedoch, deinen Partner oder deine Partnerin bei seinen Problemen zu unterstützen. Und andersrum genauso.

Wie schnell dir jemand antwortet, hängt davon ab - wieviel Wert du in seinen Augen hast..

- *Kianimus (04.04.2017)*

Viele würden sagen, dass man manchmal keine Zeit hat, um zu antworten. Das stimmt.

Trotz dessen würde ich sagen: Manche Menschen haben Priorität. Und diese Priorität beschreibt den Wert, den wir ihnen geben. Es gibt Leute in meinem Leben, die sofort eine Antwort bekommen, sobald ich kann. Andere können ruhig warten. So geht man auch außerhalb des Internets oder des Smartphones mit Menschen um: Familie, Frau und Kinder bekommen unsere primäre Aufmerksamkeit und Liebe. Alle anderen kommen danach.

Dieser Moment, wenn du merkst, dass deine gesamte Beziehung, in der du all dein Herzblut, deine Loyalität und Würde reingesteckt hast, den Bach runtergeht - während Pärchen, die sich von vorne bis hinten betrügen und belügen, ein Leben lang zusammenbleiben und gemeinsam alt werden..

    - Kianimus (06.04.2017)

Herzschmerz. Das beschreibt es am besten. Denn zu sehen, wie man Energie, Zeit und Seele in etwas steckt - was nicht halten wird, ist schlimm. Noch schlimmer ist zu sehen, wie Menschen zusammenbleiben, die absolut das Gegenteil davon machen. Aber lasse dich davon nicht beirren. Schließe damit ab und schau nach vorne. Sammle die Energie für deinen nächsten Anlauf!

Ich liebe die Art wie du mich ansiehst, umarmst und küsst. Mehr brauche ich nämlich nicht..

- *Kianimus (07.04.2017)*

Wie viel braucht der Mensch wirklich? Essen, Trinken, Schlaf, Sicherheit, Erfüllung seiner selbst, Liebe und Sex. Ich denke, man darf es nicht zu kompliziert machen. Je einfacher wir das Leben und unsere Beziehungen halten, umso länger und schöner wird es. Wir brauchen genauso wenig komplizierte Beziehungen - wie einfache Burgerbrötchen mit 24 Zutaten!

Menschen, die meinen Wert nicht erkennen -
haben keinen Wert in meinem Leben..
Ganz einfach.

- *Kianimus (15.04.2017)*

Merke dir diese Formel. Schreibe sie dir auf. Hänge sie dir an die Wand!

Ihr tragt 24/7 Masken - weil euer wahres Gesicht viel zu hässlich ist.

- *Kianimus (28.11.2017)*

Mit dem hässlichen Gesicht ist nicht das körperliche Gesicht gemeint, sondern das charakterliche Gesicht. Und nicht das Aussehen, sondern der Charakter macht Menschen wahrhaft hässlich. Dir fällt bestimmt die ein oder andere Person ein, deren Verhalten und Umgang sie äußerst hässlich macht. Stimmt's?

Glänze wie Gold für diejenigen, die böse Augen auf dich werfen. Sei hart wie Gold, damit sie sich die Zähne an dir ausbeißen. Sei wertvoll wie Gold, selbst wenn sie dir keine Wertschätzung entgegenbringen. Doch sei niemals kalt wie Gold - sondern bewahre Wärme durch deinen goldenen Charakter in deinem goldenen Herz.

    - *Kianimus (29.12.2017)*

Beschreibt dieses Zitat dich? Wenn ja, dann herzlichen Glückwunsch. Du hast einen ganz besonderen Charakter und eine ganz besondere Seele mit tollem Herzen. Gib das niemals auf! Für niemanden auf dieser Welt.

2018

Das Jahr der Achtsamkeit & des Fokus

In diesem Jahr lag mein Fokus auf mir selbst, meine Ziele und die wichtigsten Menschen in meinem Leben. Ich achtete mehr auf das, was mein Herz sagt und nicht nur, was mein Kopf oder die Gesellschaft mir einzutrichtern versucht. Oft vergessen wir die Stimme, die leise aus unserem Herzen zu uns spricht. Und überhören, was wir wirklich wollen und fühlen. Hör auf DICH und lerne mehr. Je besser du dich selbst kennst, umso besser kannst du die Menschen um dich herum verstehen.

*Wenn es mir nicht gut geht, werde ich still -
dann schweige ich. Ich höre dann laut Musik,
die mich berührt, schicke dir alte Texte von mir,
die meine Situation beschreiben oder Lieder,
die mir unter die Haut gehen.
Wer mich nicht kennt, wird nichts merken. Wer
mich kennt, wird durch all die Texte und Lieder
wissen, was gerade in mir vorgeht - statt dumm
zu fragen: „Was hast du denn?"*

- *Kianimus (02.04.2018)*

Manchmal spricht die Stille lauter als alle Worte dieser Welt. Und manchmal muss man still sein, um wieder zu hören. Beachte die Stille, die deine geliebten Menschen erzeugen, wenn sie sich zurückziehen. Vielleicht fällt dir dann auf, was dir vorher entgangen ist..

Bitte scan mich

Menschen fragen meist nach dir, wenn sie etwas
brauchen. Nicht, wenn sie "dich" brauchen.

- *Kianimus (31.03.2018)*

Braucht dich dieser Mensch wirklich? Oder braucht er
etwas von dir? Achte darauf, wann sich dieser Mensch
meldet und mit welchem Anliegen er zu dir kommt. Erst
dann wirst du merken, ob du Priorität bist oder seine
Wünsche. Wünsche, die er von dir erfüllt haben möchte.
Jedoch nichts zurückgeben mag.

Als ich weinend ging, dachten viele Menschen,
dass sie gewonnen haben.
Doch sie waren sich nur unbewusst dessen, was
sie verloren haben.

- *Kianimus (29.05.2018)*

Nicht jeder Sieg bringt Gewinn. Manchmal ist dein Sieg deine eigene Niederlage. Deine Niederlage, die gleichzeitig dein größter Verlust werden kann. Vergiss niemals, dass ein Sieg über einen geliebten Menschen auch immer ein Misserfolg für eure Beziehung ist..

Angeblich haben Leute keine Zeit sich zu melden, aber möchten die restliche Zeit ihres Lebens mit dir verbringen..

- *Kianimus (10.06.2018)*

Achtsamkeit ist das passende Wort hierfür. Wenn du achtsam bist, wirst du merken, dass viele Versprechen, die dir gemacht werden, nur leer sind. Inhaltlich wertvoll werden sie erst, wenn auch Taten folgen.

Es gibt 2 Typen von Menschen:
Ich sitze schweigend im Bugatti.
Andere fahren arrogant schreiend im Benz von
Papi.

- *Kianimus (11.06.2018)*

Manchmal ist das Schweigen die beste Verkündung eines Siegers, statt der laute Ruf eines Gewinners, der mit seinem Gewinn prahlt. Denn der Sieg hält für lange Zeit. Während der Gewinn temporär ist.

Denke aber jetzt nicht, dass ich einen Bugatti fahre. Ich fahre tatsächlich am liebsten Rad. Oder meinen VW.

Wenn du Single bist - mach, was DU willst.
Wenn du in einer Beziehung bist - mach, was IHR wollt.

- *Kianimus (18.06.2018)*

Es ist nach einer langen Zeit als Single manchmal schwer, sich in einer Beziehung einzufinden. Da ist plötzlich wieder jemand, der selbst in privaten Momenten und deinen intimsten Zeiten bei dir ist. Jemand, der den vorher halb leeren Raum wieder mit Leben füllt. Jemand, der neben dir schläft und du weniger Platz im Bett für dich hast. Jemand, der dein Essen schnappt und dir die Hälfte wegisst. Und vieles, vieles (nerviges) mehr. Trotz dessen ist es wichtig, dass man Schritt für Schritt seinen Blick in dieselbe Richtung dreht. Denn man geht ab jetzt gemeinsam den Pfad des Lebens entlang. Schafft man das nicht, wird man sich Schritt für Schritt entzweien und in verschiedene Richtungen laufen, bis es schlussendlich heißt: „Wir haben uns auseinandergelebt."

Vielleicht solltest du dem Richtigen die Chance geben, dich glücklich zu machen.
Statt dir vom Falschen immer wieder die Chance nehmen zu lassen, glücklich zu sein.

- *Kianimus (13.07.2018)*

Das Zitat hast du sicher sofort verstanden. Lasse es auf dich wirken und denke drüber nach. Schlafe mal eine Nacht drüber und lies es morgen nochmal. Ist er oder sie das wert? Oder wartet dein Glück da draußen schon sehnsüchtig auf dich..

Manche Menschen denken, sie seien „Kapitel" in meinem Leben. Doch ihr seid nicht mal eine „Seite" wert!

- *Kianimus (17.07.2018)*

In diesem Buch gehört den Menschen trotzdem fast eine halbe Seite: Ich wünsche euch, dass ihr euren Frieden findet, gesund bleibt und alles Glück der Welt bekommt. Warum? Nicht allein , weil ihr euren Frieden finden sollt. Sondern vor allem, weil mir mein Frieden durch die Barmherzigkeit der Vergebung sehr viel wert ist. Erst, wenn ich verzeihe – ohne euch wieder in mein Leben zu lassen – kann ich wieder in Ruhe und in Liebe mit mir selbst leben. Probiere es selbst: Verzeihe heute jemandem, der dir mal wehgetan hat.

Ich habe einen Geheimtipp:
Um eine Frau zu erobern, brauche ich keinen
AMG oder viel Geld.
Ich hole Milka-Schokolade für 99 Cent und
bringe mein Herz mit.

- *Kianimus (28.07.2018)*

Ach, mein Lieblingstipp für junge Männer, die falschen Idealen nachjagen, weil sie meinen, dass Frauen Trophäen seien, die man mit Ruhm, Reichtum und falschem Respekt erobern muss. Mein Junge, du brauchst nur ein gutes Herz und Schokolade. Glaub mir, Schokolade hilft immer!

Siegel von: Stiftung Kianimus-Test.

Echte Männer tragen keine Masken.
Wir sind stark genug, um Gesicht zu zeigen!

    - *Kianimus (12.08.2018)*

Masken tragen wir zurzeit alle. Doch Masken, die den Charakter kaschieren oder absolut anders darstellen, sind etwas für schwache Männer. Starke Männer zeigen sich, wie sie sind. Und wenn ihnen nicht gefällt, wie man sie sieht - und vor allem, wie sie sich selbst sehen, dann verbessern sie es!

Gilt auch für Frauen.

Ehrlichkeit kann aus billigen Personen sehr edle Persönlichkeiten machen..

- *Kianimus (16.08.2018)*

Ehrlichkeit beschwert am längsten. Und währt es auch. Ich denke, dass Ehrlichkeit gerade deshalb eine zeitlose Währung ist, mit der man seine Aufrichtigkeit gegen echten Respekt tauschen kann. Lügen hingegen bauen ein wackliges Gerüst, das irgendwann einstürzt, weil man die einzelnen Teile, die es stabilisieren und zusammenhalten sollen, nicht mehr auseinanderhalten kann.

Wofür entscheidest du dich: Ein langes Leben voller Ehrlichkeit - oder ein kurzes Leben voller Lügen?

Probleme beginnen dort, wo Kommunikation endet. Wenn ihr nicht über eure Probleme redet, wird euch nie jemand verstehen!

Geht nicht mit der Einstellung durch's Leben: „Die müssen mich doch von selbst verstehen" - denn kein Mensch kann Gedanken lesen, sondern dich nur kennenlernen!

Das war immer mein größter Denkfehler! Macht nicht denselben Fehler! Sprecht miteinander!

- *Kianimus (26.08.2018)*

Ach, die Kommunikation schon wieder. So oft erwähnt und doch so selten praktiziert. Man neigt in und nach stressigen Gesprächen des Öfteren dazu, sich zu verschließen. Wie ein phobischer eingeengter Igel. Doch was passiert, wenn wir uns einrollen und uns isolieren, wie ein Igel? Es bleiben nur Stacheln und ein Fragezeichen für unseren Kommunikationspartner. Es findet sich keine Lösung. Der Mensch ist seit der Steinzeit auf „Fight or flight" vorprogrammiert. Doch heutzutage wird kaum jemand mit einem Speer auf dich losgehen, weil du mit ihm über vegane oder carnivore Ernährung diskutierst. Lasse dich auf den verbalen „fight" ein. Es wird mit Verständnis und ordentlichen Argumenten vielleicht keine Überzeugung beim Gegenüber bringen.

Dafür hingegen, zwei Menschen, die sich ausgesprochen haben.

Du kannst nicht etwas haben wollen und nichts dafür tun. Das ist genauso verrückt, wie jeden Tag auf der Couch mit einer Tüte Chips zu chillen - und darauf zu warten, dass man ein Sixpack kriegt.

- *Kianimus (20.12.2018)*

Machen! Das ist meine Devise seit einigen Jahren. Viel zu lange habe ich darüber nachgedacht, wie ich es mache, wann ich es mache, wo ich es mache. Und so weiter. Bis ich es einfach tat.

Ein Macher zu sein, kommt vom Machen! Nicht vom faulenzen und rumliegen. Wenn du etwas willst, dann mache etwas dafür. Das klingt nach Standardsätzen, die man schon öfter gehört hat. Ich kann dir aber nur sagen: Sie sind wahr. Es gibt hier keinen Geheimtipp, der von heute auf morgen dein Leben wie magisch verändern wird. Außer, dass du MACHST!

2019

Das Jahr der Wiederbelebung & Auffrischung

In diesem Jahr kam nicht nur die Kraft zurück, sondern auch die Energie. Kraft ist, wenn du Energie zu bündeln weißt. Energie ist, wenn du Kraft auf Dauer zu deinem Besten nutzt.

Achte darauf, beides adäquat zu dosieren! Ich werde dir zeigen, wie stark dich das machen kann!

Leg dich nicht mit jemandem an, der sein Leben lang gelitten hat. Schmerz macht stark. Dieser Mensch wird dich zerfetzen, wenn du ihn zu sehr abfuckst..

- *Kianimus (01.01.2019)*

Ich denke, es ist immer der Schmerz, der einen stärker macht. Ob im Sport, in der Schule, beim Instrumente spielen oder beim Kochen. In den unterschiedlichsten Situationen sorgt Schmerz für Reife, Stärke und Erfahrungswerte. Der Schmerz muss nicht rein körperlich sein, sondern kann auch psychisch sein. Wenn er unsere Grenze, die wir endgültig aushalten können, nicht übersteigt - und wir anschließend genug Zeit haben, uns zu erholen - werden wir stärker! Beim Fitnesstraining gehe ich beispielsweise bei jedem Workout nicht ans Limit. Sondern immer ein kleines Stück darüber hinaus. 90 kg Bankdrücken. Der Körper kommt über seine normalen Grenzen und der Geist bringt ihn dazu. Beide werden trainiert. Beide empfinden Schmerz und erleiden einen geringen Schaden. Doch dieser Schaden wird während der Erholung repariert und lässt mich mit mehr Kraft zurückkehren. Dann geht es auf die 100 kg beim Bankdrücken zu.

Je mehr Schmerz du gesehen hast, umso größer ist die Wahrscheinlichkeit, dass du stärker bist als andere, die weniger Schmerz erlebten.

Gut reden möchte ich Schmerzen - vor allem psychische - trotzdem nicht. Manch ein Schmerz ist schlichtweg entbehrlich.

Ich habe lieber hungrige, dünne Löwen bei mir als satte, muskulöse Hyänen.

- *Kianimus (22.07.2019)*

Für meine Metaphern über Tiere habe ich schon einige verärgerte Kommentare gelesen. Wobei ich Tiere doch so sehr liebe und schätze. Jedoch beschreibt die Lyrik nun mal die Personifikation von allen möglichen Tieren. Vor allem jedoch von Hunden, Löwen, Hyänen und Adlern. Und eine lyrische Revolution bezüglich der Metaphern über Tiere möchte ich (noch) nicht starten.

Und schau dir mal den Film mit dem Löwenbaby und dem König an. Und dem Affen. Ihr wisst, welchen Film ich meine.

Jedenfalls sind mir dünne Löwen deshalb lieber, weil sie für Loyalität und Ehre stehen. Während Hyänen, selbst wenn sie satt sind, als hinterlistig und untreu gelten..

Wenn ich liebe, dann richtig.
Denn der Mensch, den ich liebe - ist mir mehr
als nur „wichtig".

-   *Kianimus (06.09.2019)*

Mehr als nur wichtig kann dir nur eine Person auf dieser Welt sein. Die Person, die dein Herz bekommt. Die Person, mit der du Kinder haben willst. Die Person, die du dir vorstellst, wenn du an deinen Lebensabend denkst. Die Person, die bei deinen letzten Atemzügen bei dir ist und liebevoll deine Hand hält, während sie dir tief in die Augen blickt mit einem sanften Lächeln, das dein Herz noch einmal höherschlagen lässt und deinen Brustkorb erwärmt.

Dieses wunderbare Geschöpf darf dir gerne mehr als wichtig sein!

Es ist nur eine „Frage" der Zeit, bis du die „Antwort" für deine bösen Taten bekommst..

\-   *Kianimus (17.09.2019)*

Alles kommt zurück. Ob im Diesseits oder Jenseits. Das wiederhole ich regelmäßig. Und bevor du dir die Frage stellst „Wann?" - antworte ich schon mal mit: Egal wann. Hauptsache, du hast die Sicherheit, dass es geschehen wird! Lehne dich zurück, iss dein Popcorn und genieße die Show, wenn sie beginnt. Oder rufst du ständig im Kino: Wann geht's los?

Eine gute Frau verlangt nichts, verdient alles &
kriegt zu oft einfach nur einen Arschtritt..

- *Kianimus (02.10.2019)*

Hast du dich gerade wieder erkannt? Kopf hoch. Die Krone rutscht. Eine Prinzessin oder Königin hat mehr verdient. Okay? Schau dich im Spiegel an und sag es dir: Ich habe mehr verdient!

Du musst nicht immer nett und höflich sein.
Manchmal reicht auch ein „Halt die Fresse!".

- *Kianimus (10.10.2019)*

Ich halte sie mal und lasse dich über dieses Zitat alleine nachdenken. Dazu muss nicht viel geschrieben werden, außer: Lass auch mal deine Wut raus! Sonst staut sie sich!

Wer über dich lacht, weil du alleinerziehend bist, weiß nicht, dass du doppelt so stark bist, indem du Mutter und Vater zugleich sein musst..

- *Kianimus (11.10.2019)*

Meine Mutter war mir Vater und Mutter zugleich. Deshalb habe ich auch die Wertschätzung für Alleinerziehende noch intensiver gelernt. Sie haben einen doppelt so harten Job, doppelt so viele Sorgen, doppelt so viel Stress und vergießen auch die doppelte Menge an Tränen, wenn sie nicht mehr können..

Danke, dass es euch gibt! Ihr erzieht wunderbare Kinder, obwohl ihr alleine seid. Und ihr gebt euer Bestes! Ich weiß das. Auch, wenn es nicht immer perfekt klappt. Aber, was ist schon perfekt?

Ihr könnt stolz auf euch sein! Ich bin es jedenfalls!

Danke nochmal!

Hey, du! Eine Regel für dich:
Wer dir heute das Gefühl gibt, dass du ihm
nichts bedeutest - darf dir ab morgen wirklich
nichts mehr bedeuten!

- *Kianimus (17.10.2019)*

Lasse dir nicht zu lange Zeit mit der Selektion derer, die dir was bedeuten und du ihnen. Und derer, die dir was bedeuten und du ihnen nicht.

Jede Sekunde, die vergeht, ist verloren - wenn sie mit den falschen Menschen verbracht wird.

Schmeiß sie aus deinem Leben! Los!

Das Beste am Single sein ist, dass keiner neben dir liegt und am Handy mit jemand anderem schreibt, während du dich frisch gemacht, hübsch gemacht und schön angezogen hast - aber keine Beachtung kriegst..

- *Kianimus (19.10.2019)*

Diese Zeilen gehen tief unter die Haut.. Dieser Moment, wenn du das erlebt hast und es gerade so tief fühlst, dass dir warm wird. Dass dein Puls wieder hochschießt und du ein Pochen deiner Schläfen verspürst.

Wenn dich jemand in solchen Momenten ignoriert hat, sitzt das oft noch Jahre tief in einem fest. Lass das nicht mehr zu. Wenn du schon Anzeichen siehst, dass dein Partner nicht mal die kleinsten Eigenschaften und Aufmerksamkeiten von dir schätzt - schenke ihm nicht auch noch diesen schönen Anblick!

Wenn sie dich liebt, wird sie dir alles geben.
Wenn sie dich hasst, kann sie dir alles nehmen.

- *Kianimus (08.11.2019)*

Unterschätze niemals die Rache einer Frau. Das habe ich früh gelernt und stets Vorkehrungen getroffen. Denn nicht immer ist der, der „Rache" möchte im Recht. Warum?

Missverständnisse oder ein narzisstischer Charakter können dafür sorgen, dass jemand sich rächen will, der absolut keinen Grund dafür hat.

Trotz dessen ist es wichtig, eine Rache mit Grund nicht zu provozieren. Andererseits ist Rache auch keine Lösung. Bevor du Gedanken an Rache hast, denke an Vergebung. Wenn du an Vergebung denkst, übe sie aus. Vergebe den Menschen, um Frieden mit dir selbst zu schließen..

Dein/e Ex heißt heute „Ex", weil es einen Grund gibt. Und wenn nicht ein Fehler von dir der Grund war - dann brauchst du auch nie wieder einen Gedanken an diese Person zu verschwenden.

- *Kianimus (17.11.2019)*

Ich bekomme regelmäßig Nachrichten von Männern und Frauen, die mir schreiben, dass sie sich wieder auf ihre/n Ex eingelassen haben. Und..

Du weißt es schon: Wieder mal enttäuscht wurden. Manche Bücher sollte man nicht zweimal lesen. Meins schon. Aber das Buch zwischen dir und deinem/deiner Ex ist eins, das höchstwahrscheinlich (zu 99,995 %) wieder dasselbe Ergebnis bringt: Ärger, Trauer und Pein.

Schmeiß das Ex-Buch in die Tonne und schnapp dir ein wertvolles Buch, das dein Leben bereichert. Zum Beispiel das Buch: Gute Gedanken.

Ich sehe, höre und kriege alles mit, was du machst. Denk' nicht, ich bin blind oder „dumm" - nur, weil ich dich machen lasse. Ich lasse dich handeln, wie du willst, denn erst dann wirst du deinen wahren Charakter zeigen.

- *Kianimus (30.11.2019)*

Mein Schweigen wurde und wird oft als Schwäche angesehen. Oder als Desinteresse. Dabei ist es so viel mehr als das. Mein Schweigen bedeutet, dass ich gerade den Fokus weniger auf Gesagtes lege - und mich mehr auf Getanes konzentriere. Probiere es die nächsten 30 Tage aus: Lass die Menschen machen und schweige. Schweige und beobachte.

Es wird dich verändern. Und vor allem dein Umfeld.

Niemand weiß, wie du dich innerlich fühlst. Niemand weiß, wie sehr du gekämpft und gelitten hast. Sie sehen nur dein aktuelles „Ich" & dein Lächeln. Deshalb haben sie nicht das Recht, über dich zu urteilen.

- *Kianimus (03.12.2019)*

In der Vergangenheit hast du sicherlich schon einige Höhen und Tiefen gehabt. Gerade die Tiefen prägen einen Charakter und formen als Lektion die Zukunft, wenn wir es zulassen. Und wenn wir mehr Lehre aus Erfahrung zulassen, wird aus unserer Gegenwart eine Blütezeit, in der wir das Beste aus uns herausholen können. Und Menschen, die uns nicht extrem gut kennen - haben absolut nicht das Recht über unsere Vergangenheit zu urteilen. Denn sie wissen nicht, wieviel Regen wir gesehen haben, um heute so sehr aufzublühen..

Sprich mir nach: Es ist mir bewusst, dass ich
nicht perfekt bin. Ich habe „Fehler".
Doch jeder Fehler ist die Ebnung zur Lösung.
Ich bin stolz auf mich und ich habe dieses Jahr
viel gelernt, um im kommenden Jahr ein
besseres „Ich" aus mir zu machen.
ICH werde ein noch besserer Mensch!

- *Kianimus (20.12.2019)*

Steh auf. Stelle dich vor den Spiegel und schau dir tief in die Augen: Wiederhole diese Affirmation 10-mal. Jeden Morgen und jeden Abend. Sie wird sich in deinem Kopf einprägen und dir den Weg zu einem noch besseren Leben ebnen.

Wenn du dein Herz nicht brechen lassen willst, mache es nicht zu Stein. Denn dann wird es hart und kalt. Mach es zu Gummi - unzerstörbar und trotzdem weich genug für die guten Menschen..

- *Kianimus (25.12.2019)*

Oft verfallen wir in die Abwärtsspirale uns nach jeder Enttäuschung zu verschließen und kühler zu werden. Distanzierter. Misstrauischer. Doch das ist nicht der wahre Weg zur Zufriedenheit. Wichtig ist, dass du dir flexible Räume in deinem Herzen erschaffst. Und zwar so: Statt absolut unzugänglich für alles im Leben zu werden, solltest du dir Grenzen setzen, die du dir immer wieder aufsagst. Zum Beispiel: „Ich lasse mich nicht mehr beeinflussen, wenn es um Entscheidungen für MEIN Leben geht!". Somit weißt du, dass ein flexibler Raum vorhanden ist, dessen Grenze du selbst leicht verschieben kannst. In diesem Raum darf sich jemand aufhalten, bis er diese Grenze zu überschreiten versucht und ihn ausschließt, weil du dir immer wieder gesagt hast, wann Schluss ist.

Jeder von uns kennt diesen einen Menschen, der seine Fehler nie einsieht und die ganze Schuld auf dich schiebt.

- Kianimus (29.12.2019)

Manche Menschen besitzen einfach (noch) nicht genug Selbstreflexion, um ihre Fehler einzusehen. Du bist auch nicht verantwortlich für ihr unreifes Verhalten. Distanziere dich von ihnen, weil sie Energie rauben. Energie, die du für dich und wunderbare einsichtige Menschen nutzen kannst!

2020

Das Jahr der Reife & des Bewusstseins

In diesem Jahr begann ich mein Bewusstsein noch viel mehr zu erweitern. Meine Reife gelang auf ein neues Level und ich sah mehr Farben, spürte mehr Energien und jeder Duft war eine neue, manifestierte Erinnerung in meinem Kopf. Nein, ich habe nicht angefangen zu kiffen oder Pillen zu nehmen. Es war viel mehr ein Knackpunkt, den die Zeit mir gebracht hat. Manchmal macht es einfach Klick und man hat diese unendliche Energie und sieht Zusammenhänge des Lebens viel klarer. Man muss nur lange genug daraufhin arbeiten. Also schrieb ich in diesem Jahr weniger, doch sagte mehr..

Lass nicht zu, dass dich jemand ersetzt.

- *Kianimus (01.02.2020)*

Es klingt so einfach und doch ist es in der Umsetzung so schwer. Wie oft wurdest du schon ersetzt und dadurch verletzt?

Wie oft warst du zweite Wahl? Wie oft warst du eine Option, statt eine Priorität? Wie oft hat dieses „ersetzen" dir ins Herz gestochen, die Kammern und Vorhöfe zerfetzt und dir die Luft zum Atmen genommen - weil du nichts mehr fühlen konntest. Wie oft? Lass nicht mehr zu, dass dieses bösartige Gefühl sich wiederholt! Du bist so viel mehr wert als das! Wirklich!

Ladies, wenn ihr einen dicken Arsch wollt, geht lieber trainieren - als mit einem zusammen zu sein..

- *Kianimus (14.01.2020)*

Der Arsch, der dich wie einen Arsch behandelt, ist der Arsch, den du vor die Tür setzen solltest. Denk an deinen Arsch! Rette ihn.

Verabschiede dich immer ORDENTLICH.
Du weißt nie, ob es euer letztes Treffen ist..

- *Kianimus (27.06.2020)*

Leider habe ich dieses Zitat mit einer traurigen Erinnerung geschrieben. Ich gestehe mir diesen Fehler ein, dass ich einen Abschied nicht schätzte. Und das Schicksal schon am nächsten Tag zuschlug. Oder zurückschlug. Denn es war der letzte Abschied gewesen.

Verzeih mir. Ich verzeihe mir hiermit auch.

Es war nie böse gemeint..

Vertraue niemandem, der neben dir immer am Handy ist - aber nicht drangeht, wenn du anrufst..

- *Kianimus (14.08.2020)*

Wenn jemand die Zeit neben dir nicht schätzt und sie mit fernen Leuten am Handy verbringt - hast du schon die Antwort auf die Frage: Kennt er meinen Wert?

Ich lege mein Handy oft gar nicht erst auf den Tisch, wenn ich mit geliebten Menschen bin. Denn diese wertvolle Zeit bedarf keiner Ablenkung durch Smartphones und Social Media.

Diese wunderbare Zeit verbringe ich, wie in einer Blase, ganz allein mit meinen Liebsten. Wenn dein Gegenüber das nicht kann, ist er deine Zeit einfach nicht wert! Und deine Zeit ist begrenzt! Geh sorgsam mit ihr um. Mach dir das klar!

Und ich weiß, du denkst nachts immer noch an
meine Küsse, meine Hände und meinen Duft..

- *Kianimus (16.08.2020)*

Manchmal werden Menschen zur Erinnerung, die es wert waren, nie zur Erinnerung zu werden. Heute bin ich weg und gehe meinen Weg, während die Erinnerungen dich quälen.

Je größer dein Mut, umso kleiner die Wut.
Je kleiner die Wut, umso größer dein Glück.

-   *Kianimus (08.09.2020)*

Wut ist ein Killer des Verstandes. Das hat meine Mutter mir immer wieder gesagt.

Mut ist eine Eigenschaft, die Verstand benötigt. Mut ohne Verstand ist Torheit.

Dementsprechend muss deine Wut, wenig bis gar nicht vorhanden sein, um wahren Mut zu beweisen.

Und je mutiger du mit Verstand an die Sache gehst, umso größer wird dein Glück sein, wenn du es richtig anstellst..

*Ich gebe keinem mein Herz, der es nur mit einer
Hand entgegennimmt.*

- *Kianimus (09.09.2020)*

Um das zu verstehen, musst du es dir bildlich vorstellen.

Stelle dir vor, dass ich dir etwas sehr Wertvolles und
fragiles überreiche. Ein Katzenbaby beispielsweise. Du
nimmst es niemals mit einer Hand entgegen, sondern mit
beiden Händen. Und trägst es sanft und liebevoll auf
Armen.

Wer dein Herz nicht mit beiden Händen entgegennimmt,
schätzt es nicht genug. Und kennt die besondere
Bedeutung dieser Geste nicht..

Fremdgehen ist eine Entscheidung.
Niemand steht plötzlich nackt vor dir, alleine
mit dir in einem Raum.

- *Kiunimus (10.09.2020)*

Meine endgültige und absolute Meinung zu dem Thema
ist und bleibt dieselbe: Sei treu - oder sei Single.

Unterschätze niemals ruhige Menschen. Sie haben meistens sehr viel erlebt und wissen deshalb, wie gefährlich sie sind.

- Kianimus (23.09.2020)

Als ich ein Jahr lang im Altenheim in der sozialen Betreuung arbeitete, sprach eine Oma jeden Morgen zu mir: „Mein Junge, merke dir eins: Stille Wasser sind tief."

Denn diese stillen Wasser haben viel gesehen, viel erlebt und viel überstanden. All das hat sie zu starken Menschen gemacht. Menschen, die um ihre Kraft und um ihre Reife wissen. Sie fürchten dich nicht. Sie wissen nur, dass Schweigen stärker ist als unnützes Reden. Fürchte du sie auch nicht, aber wisse: Sie sind unglaublich resistent gegenüber dem Leben und dessen Tücken..

Du brauchst keinen Arsch, der dir das Leben versaut.
Dafür ist dein eigener zu schön.

- *Kianimus (04.10.2020)*

Da ist der Arsch schon wieder. Diesmal dein eigener. Schau ihn dir an. Er ist zu 100 % besser als der Arsch, der dir das Leben schwer macht. Bevorzuge deinen eigenen Arsch als denjenigen, der dich nicht zu schätzen weiß.

*Traurig, dass Menschen heute fern und fremd
sind - die uns mal so nah waren..*

-   *Kianimus (07.10.2020)*

Manchmal ist es besser, dass manche Menschen uns fern sind. Doch trotzdem überkommt einen manchmal die Trauer, dass sie nicht mehr da sind..

Lasse die Trauer zu. Auch sie wird erst vergehen, wenn sie durch dich geflossen ist. Und nicht, wenn du sie in dir aufstaust..

Nenne dich nie wieder „Schatz" - denn eigentlich bist du nur ein leerer, schön geschmückter Umzugskarton.

- Kianimus (09.10.2020)

Heutzutage sehe ich so viele schöne Umzugskartons, die innerlich leer sind. Menschen, die charakterlich nur Leere innehaben. Sie verwöhnen unsere Augen, doch schaffen es nicht, unser Herz dauerhaft zu umhegen. Und wir bilden uns anfangs ein, dass sie es doch könnten. Gib' die Illusion auf.. Jetzt!

Kein Mensch der Welt darf dich wie Scheiße behandeln.
Kenne deinen Wert: Du bist wertvoll!

-   *Kianimus (14.10.2020)*

Lies dieses Zitat bitte 100 Mal. Bis es sich in deinem Kopf einprägt.

DU. BIST. WERTVOLL!

Eine dreckige Weste kann man waschen.
Einen dreckigen Charakter nicht.

- *Kianimus (16.10.2020)*

Manche Taten kann man bereuen, die Strafe absitzen und als neuer Mensch wieder zurückkommen. Doch ein schlechter Charakter ist schwierig zu ändern. Und solange er in diesem bösen Zustand ist, kann man ihn nicht waschen. Man kann ihn nur entwickeln, neu produzieren und reformieren. Doch das bedarf Jahre an Arbeit. Arbeit, welche die meisten Menschen sich nicht antun wollen..

Du verkaufst deine große Liebe für eine Nacht?
Seit wann tauscht man eine Ölsardine gegen
eine Yacht?

- *Kianimus (19.10.2020)*

Wieder sind wir bei Menschen, die deinen Wert nicht erkennen. Oder nicht erkennen möchten. Denn ab dem Moment, ab dem sie dir gegenüber illoyales Verhalten äußern, tauschen sie (fast immer) deinen wunderbaren Wert gegen etwas ein, das weniger wert ist. Denn die Bindung, die man während der schönen gemeinsamen Zeit aufgebaut hat, ist stets wertvoller als die neue Bekanntschaft, die nur temporäre Freude bringt. Meist nur drei Minuten..

Du möchtest persönlich mit mir sprechen? Ich möchte dir jetzt die exklusive Möglichkeit geben: Als Käufer/in meines Buches bekommst du 50% des Preises von meinem Call geschenkt . Scanne den QR-Code und erhalte den Rabatt automatisch an der Kasse. Ich freue mich auf dich! Code: 14YYKE3AF49B

1000 Selfies von dir auf deinem Handy. Doch, kein perfektes Foto deiner Mama drauf.

- *Kianimus (25.10.2020)*

Mama ist ein Goldstück. Und fast alle Mamas dieser Welt sind etwas Wunderbares. Ausgenommen davon sind Mamas, die den Namen nicht verdient haben - weil sie ihre Kinder quälen, schlagen oder psychisch missbrauchen.

Doch alle anderen haben mehr Zeit und Liebe verdient.

Mach bitte ganz viele Selfies mit ihr. Denn wie im Buch vorher schon erwähnt, weißt du nun ja: Auch ihre Zeit ist begrenzt..

Egal wie gut ihr ausseht, wie gut ihr gekleidet seid, egal wie viel Geld ihr habt, egal was ihr für ein Auto besitzt oder wie beliebt ihr seid oder egal wie viele Komplimente ihr jeden Tag bekommt: Ihr seid nichts Besonderes - solange ihr nicht jeden Tag mindestens einem Menschen helft!

-   Kianimus (22.11.2020)

Das letzte Zitat der letzten Jahre im Buch. Und ich kann dir sagen, dieses Zitat fühle ich am intensivsten von allen. Ich kann Menschen nicht leiden, die sich aufgrund von Ruhm, Reichtum, Schönheit oder sonstigem - versuchen, sich über einen anderen zu stellen.

Begegne mir auf Augenhöhe - egal, wer du bist, was du erreicht hast und wie viel du verdienst. Mehr möchte ich nicht.

2021

Das Jahr der Liebe & Siege

Zu diesem Jahr möchte ich dir keine bisherigen Zitate mitgeben. Zu diesem Jahr möchte ich dir eine Geschichte erzählen..

Die Geschichte eines Jungen, der im Kasseler Klinikum an einem Freitagmorgen als vierter Sohn der Familie das Licht der Welt erblickte. 25.11.1994.

Während der Schwangerschaft wurde seine Mutter von ihrem Ehemann mehrmals in den Bauch getreten, damit der Junge nicht geboren wird. Doch aus einem bestimmten Grund schaffte er es, schrie bei der Geburt laut und starrte dann alle im Kreißsaal um ihn herum mit großen Augen an. Als würde er sie analysieren..

Fast zwei Jahre später zog es ihn und seine Familie nach Dietzenbach. Ein sozialer Brennpunkt, der ihn eins lehrte: Du musst kämpfen, wenn du etwas möchtest!

Diese Lehre nahm er mit auf seinen Weg durch die Kindheit. Zuerst verstand er es nur mit Fäusten und Füßen zu kämpfen. Zu Hause saß er immer ruhig da und schaute sich alle an: Eltern, Geschwister und jeden Besuch, der zu ihnen kam.. Doch draußen auf der Straße - da war er anders.

Also schlug er sich als Problemfall durch die Schulzeit, die ihm Wunden auf der Seele einbrachte. Immer mit der Frage im Kopf, warum er anders sei.

Denn die Lehrer wussten mit ihm nichts anzufangen. Obwohl sie ihn als sehr intelligent einschätzten. Auf die Frage in der 2. Klasse, was sie später beruflich machen wollen, antworteten die anderen Schüler mit Astronaut, Polizist, Tierärztin oder Krankenschwester. Als er an die Reihe kam, schaute er alle schweigend an. Die Lehrerin fragte erneut und er sprach nach kurzem Überlegen: „Superheld." Alle lachten. Nur er nicht. Er meinte es ernst.

Im Alter von frischen zehn Jahren wurde er zum Scheidungskind, als sein Vater erneut auf seine Mutter mit Fäusten losging und der mittlere Bruder des Jungen sich dazwischen stellen musste, damit er aufhört. Das war am 31.12.2004.

Ab dem Zeitpunkt trug er Verantwortung zu Hause: Er ging alles einkaufen, half beim Haushalt, kümmerte sich um seine Mutter, die psychisch am Ende war. Irgendwie schafften sie es beide zusammen durch die harte Zeit. Er lernte, wie man Menschen aufbaut, sie stärkt und ihnen Perspektiven vermittelt, wo schier keine zu sein scheinen. Und das am Beispiel seiner eigenen Mutter.

Die nächsten Jahre versank er in Unmengen von Büchern, die er las. Jeden Tag drei bis vier Stück. Immer mehr. Bis es über 1100 an der Zahl waren.

Dann entdeckte er den Sport für sich und trainierte jeden zweiten Tag ein bis zwei Stunden. Er wusste nicht, wovor er sich durch solche Extreme flüchtete. Aber eines wusste er: Alkohol, Partys oder Drogen würden niemals seine Lösung und Zuflucht sein.

In der Jugend holte ihn die Kriminalität des Blocks ein: noch mehr Schlägereien, noch mehr Freunde, die dealen, noch mehr Diebstähle und Raubüberfälle. Mit frischen 16 Jahren entdeckte er das Schreiben als Ventil für sich. Stille kehrte in ihm ein..

Die Mittlere Reife erhielt er im Alter von fast 17 Jahren mit Ach und Krach, obwohl er in der gesamten Schule die erste Adresse war, wenn andere Schüler jemanden zum Reden oder Schlichten brauchten. Von den Lehrern und Mitschülern verurteilt als Klassenclown Nummer eins. Seine sozialen Kompetenzen in ernsten, schwierigen Situationen wurden nicht bewertet.

Mit 18 endete seine kriminelle Laufbahn vor Gericht. Ab dem Punkt verließ er seine alten Kreise und konzentrierte sich auf seine ständig wechselnden Jobs und das Schreiben von Bewerbungen. 310 Bewerbungen schrieb er. Fazit: 299-mal keine Antwort, 8 Absagen und 3 Vorstellungsgespräche.

Mit diesen blendenden Ergebnissen gab er es mit 20 Jahren vorerst auf und ging seinen Weg weiter bei seinem mittlerweile 31sten Job. Das war 2014. Auch in diesem Jahr fand er keine Ruhe und keinen Frieden in sich. Sein Freundeskreis wurde immer kleiner und er selektierte auch radikal. Weil er ganz genau wusste, wohin sein Leben führen würde, wenn er die falschen Menschen in seinem Leben behielt.

Mit 23 Jahren nahm ihn eine Schule für sein Fachabitur an, bei der er sich schon zum dritten Mal beworben hatte. Nach fünf Jahren, in denen er nur Absagen für seinen Schulplatz bekommen hatte, fand er nun endlich seinen Bildungsweg wieder. Das Fachabitur absolvierte er erfolgreich und mit Freude. Doch etwas in ihm wollte mehr. Etwas in ihm wollte seine Selbstverwirklichung vorantreiben. Und die fand sich nicht in der Schule, nicht an der Uni und auch nicht in einem Job.

Im Alter von 25 Jahren betrat er das erste Mal eine Universität und begann das Studium der Ernährungswissenschaften. In diesem Alter entwickelte er immer mehr das Interesse, Menschen zu helfen, die in ihren Gedanken gefangen sind..

Er (er)kannte sein Talent, die negativen Denkweisen der Menschen in gute Gedanken zu verwandeln. Also fasste er seinen Mut zusammen, setzte sich mit 26 Jahren hin und schrieb dieses Buch..

Danksagung

„Bruder, verf*ckt nochmal - hol dir alles!"

Dieses Buch wäre nie entstanden, wenn Mudjtaba mir diesen Satz nicht gesagt hätte. Damit meint er nicht, dass wir alle etwas miteinander haben sollten. Er meint: Ich soll mir endlich mein Glück selbst holen. So komisch das auch klingt, so wichtig war es auch für mich. Ich habe es jahrelang vor mir hergeschoben, Ausreden gefunden und mich mit anderen Dingen beschäftigt. Mir fehlte der Arschtritt, es endlich umzusetzen: Mein erstes Buch. Heute ist es real! Es sind nicht immer die unglaublich tiefgründigen, langen Reden, die unser Leben verändern. Manchmal reicht ein kleiner Satz.

So wie vielleicht ein kleiner Spruch aus meinem Buch dein Leben verändern kann. Danke, Mudjtaba!

Danke an meine Mutter, die mir ein Leben lang die Motivation durch ihr Vorbild gegeben hat, einfach weiterzumachen - und die mich letztes Jahr dabei unterstützt hat, alles auf eine Karte zu setzen. Es war die beste Entscheidung meines Lebens, Mama Jaan!

Danke an die KianimusFamily, die dafür sorgt, dass ich nicht untergehe. Ihr seid mein Rettungsboot im Meer! Apropos Meer: Ich habe während des Schreibens am Buch das Schwimmen gelernt. Das unbeschwerte Gleiten im Wasser, das mir 26 Jahre meines Lebens gefehlt hat. Endlich kann ich es und ich bin unglaublich stolz darauf, es gelernt zu haben. So selbstverständlich es für viele auch sein mag - für mich ist es ein persönliches Wunder.

Danke an Beny, dass du mir den Rücken stärkst: Ob im Privatleben oder im Betrieb!

Ein großes Danke auch an Sara, die das wunderschöne Buchcover designt hat und die kleinen Zeichnungen im Buch entworfen hat.

Danke an die Person, die neben mir sitzt, während ich das hier schreibe und mich mit bester Liebe & Fürsorge unterstützt.
Danke an Chris, Osman & alle anderen Menschen, die mir bei den Drehs zu den Buchvlogs geholfen haben

Danke an Ferhat & sein Team für die Tipps und das Lektorat.

Danke an den Kiosk bei mir unten am Block: Die gemischte Tüte Süßigkeiten hat jedes Mal beim nächtlichen Schreiben der letzten Seiten des Buches doppelt so gut geschmeckt!

Und ein Danke an mich selbst. Danke, dass es dich gibt. Danke, dass du stark bleibst. Und danke, dass du hier für tausende Menschen durchziehst!

Ach ja, und jetzt was an dich: Du, der das hier liest. Und du, die das hier liest: Danke, dass du bis hierhin gelesen hast. Danke, dass du mich unterstützt. Und danke, dass du auch beim nächsten Buch im Jahr 2022 wieder bis zum Ende lesen wirst.

Behalte das Buch bei dir und markiere dir die Stellen, die dich motivieren - auch, wenn sie vielleicht traurig oder sehr bewegend sind. Übrigens ist dieses Buch in meinen Augen ein gutes Geschenk für alle Menschen, die in deinem Umfeld Liebe & Motivation brauchen.

Vergiss nicht, mein Buch mit 5 Sternen zu bewerten, um mich zu unterstützen. Pass auf dich auf. Wir lesen uns im nächsten Buch.

Bis dahin: Bleib motiviert, denke gut und liebe dich selbst wie du bist - denn so bist du am besten!

Dein Kianimus

Printed in Poland
by Amazon Fulfillment
Poland Sp. z o.o., Wrocław

14422698R00105